可動域を広げパフォーマンスを上げる

新しいストレッチの教科書

【最新】理論とエクササイズ

ワニ・プラス

まえがき

この本で紹介するのは主に関節の機能的な可動域を広げるためのエクササイズです。身体を柔らかくすることと同じではないかと思われるかもしれませんが、通常のストレッチとは目的が異なります。ご存じの通り、トレーニングやコンディショニングにはあらゆるメソッドがあり、しかも日々進化しています。数年前は主流であった方法論が、現在では見直されることも多々あります。たとえば１９７０年代にアメリカのボブ・アンダーソンによって提唱された〝スタティックストレッチ〟（静的ストレッチ）は筋肉の柔軟性を向上させパフォーマンスを上げたり、故障を予防する効果があるとされ、多くのアスリートや一般の人が今も取り入れていますが、近年では「運動前にスタティックストレッチを行うと筋肉はパワーを十分発揮できずパフォーマンスが落ちる可能性がある」「スタティックストレッチをすることによって副交感神経を優位にさせ、リラックスすることは練習や試合前には適していない」などといった研究結果もあり、運動前や試合前は同じストレッチでも〝ダイナミックストレッチ〟（動的ストレッチ）が利用される事が多くなっています。

私たちはメジャーリーガー、プロゴルファー、バスケットボール日本代表チームなどのトレーナーを務めていますが、そのためには常に最新のトレーニング、コンディショニング理論を学び、最良と思えるものをチョイスし、組み合わせ、自分なりのアレンジを加えて方法論として確立したうえで、アスリートを指導する必要があります。その中で私たちがともに重視しているのが本書で紹介する「関節の可動域を広げ、自分の身体を自在にコントロールできるようにする」エクササイズです。従来のストレッチのように筋肉の伸張性を向上させるだけでなく関節の可動域を広げることで、以前より動きの選択肢が増え、それまでは１００％に近い状態で行っていたプレーに余裕が生まれ、パフォーマンスが上がるだけでなく故障のリスクも少なくなると考えています。

これを一般の方でも取り組みやすくアレンジしたのが6章で紹介するエクササイズです。ストレッチエクササイズの範疇《はんちゅう》に入りますが、単に筋肉の伸張性を向上させるという目的に焦点を置くのではなく、可動域を向上させ、関節を強化し、また新しい動きを創造するエクササイズと言ってよいでしょう。本書でのエクササイズは人体のハードウェア（構造）に対してのアプローチになります。人体として、適切なハードウェアを持つことが、私たちが日頃携わるアスリートのみならず、一般の方が日常生活をより快適に送ることの手助けになると考えています。また、それがそれぞれの関節本来の〝自由度〟を築くことにつながり、「階段を上り下りする」「戸棚の高い位置の物を取る」「歩く」「しゃがむ」といった当たり前の動作が見ちがえるほどスムーズになるはずです。そして腰痛や肩こり、膝、足首痛などの改善にもつながります。ぜひチャレンジしてみてください。

森本貴義
阿部勝彦

CONTENTS

4章 身体を動かす前に基本ポジションをチェックしよう

5章 エクササイズの前に知っておきたいこと

1章

柔軟性と可動性の違いを知ろう

「柔軟性が高いこと」が常に正しいわけではない

まずは柔軟性と可動性について確認しておきましょう。柔軟性とは主に筋肉の伸張性のことを言い、可動性とは主に関節が可動する範囲のことを示します。柔軟性と可動性は関係性が深く、柔軟性が高い人は、可動性が高い傾向があります。

可動性は解剖学的に「この角度までこの方向へ動かす事ができる」という「構造上の限界」を持っています。その構造上の限界を超えることがないように骨、靭帯《じんたい》、腱、筋肉などといった軟部組織と言われるものが支え合っています。何らかのストレスがかかることによって可動域の限界を超えてもさらに動こうとすると、軟部組織に損傷が起こり痛みを発症することになるのです。可動域の差は体型や骨の形状、筋線維の質、関節の結合角度などの先天的な要因で決定されると考えられています。

POINT

柔軟性＝筋肉の伸張性
可動性＝関節が動作できる範囲

柔軟性と可動性を保つことはスポーツのパフォーマンスや、日常生活の向上に良い影響をもたらすと考えられており、多くのエクササイズが処方されています。

スタティックストレッチ（静的ストレッチ）は長年多くの一般の人々にも日常的に利用され、スポーツの現場でも利用されています。筋肉を快適に伸張した状態で一定の時間（通常30秒以上）静止し、柔軟性を高めることが重要だと考えられてきました。

柔軟性を高めることの重要性に異論はありませんが、「開脚ベター」を目指す本がベストセラーになったことが表すように、「柔軟性が高いことがすべて正しい」と認識されるような風潮もあることも確かです。

しかし、私たちは長年のトレーナーの経験から、柔軟性と可動性が高いことが、すべて

一般的なスタティックストレッチ（静的ストレッチ）の例

において常に正しいとは考えていません。

高すぎる柔軟性、可動性がケガにつながることもある

その理由はさまざまあるのですが、ただ単に柔軟性と可動性が高くても、「広がった位置での力の発揮」ができなくては、スポーツや日常生活の中で〝使える〟ものではないからです。

たとえ１８０度の「開脚ベター」ができるようになっていても、その最終域（限界まで開脚した状態）で、力の発揮がほとんどできないようであれば、いくら可動域が広いといっても、単に「関節が緩《ゆる》い状態」にすぎない可能性もあるのです。かえってケガを引き起こす可能性も高くなるケースもあります。柔軟性や可動性の向上を求めるのは良いことですが、その意図や、そこからの力の発揮についてもう一度考え直すことが必要だと思います。

スポーツの現場では柔軟性、可動性がありすぎてパフォーマンスを下げることも多くあります。野球をやっている方は耳にすることがあると思うのですが、ルーズショルダー（動揺肩）は代表的な例です。ルーズショルダーを持つ選手は関節可動域が広がりすぎて、最大域値での関節のコントロールを失い、関節内の組織に損傷が起こり投球ができなくなったりする例です。しかし、野球チームの現場では投手は特に肩のストレッチを入念に指導され、時間があればストレッチを繰り返す光

景をよく目にします。柔軟性や可動性が高いことは大切なのですが、どの域値でもコントロールできる能力も強化していかなくてはいけないのです。

運動、動作の「経験」が可動性の範囲を決める

柔軟性や可動性を向上させる前に、なぜそれらを失うかを考えてみましょう。あなたの柔軟性、可動性は生まれたときから同じでしょうか？

立ち始めたばかりの赤ちゃんを想像してみてください。赤ちゃんがしゃがんだ際に、お尻はかかとについて股関節、膝関節、足関節の可動性は最終域まで達成していると思います。

よく「私は昔から身体が硬いんですよ」という言葉を耳にしますが、生まれたときから身体が今現在と同じ人はほとんどいないと思います。もちろん、遺伝的、先天的な例があることは否定はしませんが、柔軟性や可動性の制限は過去の運動（動作）体験や経験などから起こるものが多いと考えられます。

アスリートは、とりわけ自分の競技で必要とされない動きの可動性は低い傾向があると感じます。

一般的にアスリートは普段からたくさん運動をしているので、すべての関節可動域が広いと思われがちですが意外にそうではないということです。

たとえば、バスケットボールの選手にフルスクワットをさせてみると、足の裏全体がすべて地面についた状態で、お尻をかかとにつけたまま保持できないことはめずらしくありません。つまりかかとを上げずに深くしゃがみこむ、という一見誰にでもできそうな姿勢をとろうとすると、後ろに尻もちをつきそうになってしまうのです。

バスケットボールの競技の中でフルスクワットの姿勢をとることはほぼありません。いくらアスリートでもこうした運動（動作）体験や経験が乏しく、日常的にその動作を行っていなければ、柔軟性、可動性は失われてしまうことがあるのです。

通常では問題ないこのような動きがないことはアスリートとしての動きの選択肢の幅を狭めることになるのではないかと思います。「動くべき範囲」と「動ける範囲」は違っていて、それを認識することは競技をする中で大切なことです。

「動くべき範囲」が狭くなることがジュニア期のアスリートなどに見られた場合、それは今後のアスリートとしての成長を大きく阻害する要因になりかねません。

２０２０年に東京オリンピックが開催されることから、近年ではスポーツ産業が活性化され、ジュニア期の選手育成に力を注ぐ競技団体が非常に増えてきています。

競技成績を上げるためジュニア期に専門競技特化をし、アスリートに対して詰め込み指導や長時間の練習を行うと言った話を耳にすることもあります。ジュニア期に特定のスポーツだけに特化することは、その時期での技術能力を上げることにはなりますが、身体能力が成長中である時期に一つの競技だけを行うことは、結果として、動きの選択肢の幅を狭めることにもつながりかねません。

アスリートに限らず、幼少期からスポーツをするのならば、一種に限定せず、複数のスポーツに親しみ、楽しんだほうが、動きの幅は広がります。将来的に一つの競技に絞る場合にも、それが役立ってくれると思います。

2章

機能的な可動性を手に入れよう

制御できない柔軟性には意味がない

「身体を柔らかくしたい」と思っている人は多いのではないでしょうか。柔軟性（フレキシビリティ）という言葉はよく使われますし、柔軟性の向上が一般の方の生活やアスリートのパフォーマンスの向上につながると考える方は多いと思います。

柔軟性の重要性を謳い、スタティックストレッチ（静的ストレッチ）を多く処方する運動指導者や、日常生活のルーティンワークにする一般人の方の話を耳にすることは多々あります。また有名なアスリートがスタティックストレッチを多く行って、身体のメインテナンスをするといった話を聞く方も多いのではないでしょうか？

しかし、単に身体が柔らかいことが常に何よりも重要かというと、多少の疑問を抱かざるを得ません。前述の通り、「運動前のスタティックストレッチ」を疑問視する研究者もいます。単に柔軟性（フレキシビリティ）を向上させても「機能的な可動性（ファンクショナルモビリティ）」を向上させていかなくては、実際の動きの変化には結びつかないと考えています。

私たちが考える機能的な可動性とは、柔軟性に強さと制御（コントロールできること）がそろっている状態のことなのです。

POINT

機能的な可動性＝柔軟性＋強さ・制御

たとえば力士が股割りをする光景を思い浮かべてください。股割りという動作は脚を１８０度に開ききる動きになりますが、１８０度に開脚できていれば機能的な可動性を獲得できているということになるのでしょうか？

単に１８０度開脚した状態を維持できていても、その状態から力の発揮や制御ができていなければ人体の機能としての意味を果たしていないとも言えます。柔軟性が高いことは身体能力の潜在性が高いことにつながるとは思いますが、その柔軟性を生かすためには、強さや制御する能力も携わっていなくてはなりません。

強い力士とは、股関節が大きく広がった状態（深いスクワットの状態）からでも、強い力の発揮できる人を指すのだと思います。状況に応じて可動性を制御し、力の発揮の調節ができて初めて、柔軟性に意味がある、と言えるのではないでしょうか。

単に身体を柔らかくすることが必要なのではなく、身体を柔らかくしつつ、力の発揮や制御する能力を上げることこそが身体活動の向上につながるのだと思います。

人体の進化と関節の機能的可動域

本書の本題である関節の機能的な可動域を広げるエクササイズをご紹介する前に、人体の進化の過程が「関節の機能的な可動域を広げる」ということにどのような影響を及ぼしてきたのか考えてみたいと思います。

人体の進化の過程には諸説がありますが、四足歩行から二足歩行への進化は人間にとって大きな変化をもたらしたと言われています。『人体６００万年史』（早川書房刊）の著者ダニエル・E・リーバーマンは次のように述べています。

「直立するようになることで、人類は手を移動から解放した。自由になった手は、道具を作り、使うことができるようになった。それがやがて、より大きな脳や、言語や、その他さまざまな人間独自の特徴の進化を後押しした。」

二足歩行になった人間は気候変動（寒冷化）によって、より暖かい土地や食料を求めるために移動したと推測されています。食料となる果実をかき集めたり、木の上で食事をする際には二足歩行が有利だったと言われていて、また移動手段としても二足での歩行は移動時のエネルギーの消耗がより少なく、効率的に移動できたのではないでしょうか。

二足歩行になったこの頃の人類にとって「関節の可動域を広げること」は日常生活の中で必須で

あったと思います。狩猟採集で生き抜くためには、食料を求め大木の上の果実を取るために木を登り、ときには敵から身を守るために断崖絶壁の岩を登る必要があったと考えられます。機能的な可動域を維持しなくては、人類は生命を維持することができなかったのではないでしょうか。

　現代社会では、人類の進化の過程にあったような環境や状況と同じになることはありませんから、現在、私たち人間に、そのころと「まったく同じ動き」は求められませんが、スポーツという枠の中では似たような環境が求められます。

　たとえば２０２０年東京オリンピックの正式競技になったことで注目を集めているスポーツクライミングです。壁に設置されたさまざまな形態の突起（ホールド）に手と足をかけて登っていく競技ですが、手や指、足の力はもちろんバランス感覚、身体のコントロール力、登りきるために最適なルートを選択できる判断力など、さまざまな能力が求められます。登る動作では当然、関節の可動域が広いほうが有利です。それによって、より遠い位置にあるホールドに手や足が届くからです。もちろん届いただけではダメで、身体が落ちないよう支える力が出せなければなりません。私たちが紹介する「関節の可動域を広げ身体を自在にコントロールできるようになる」エクササイズは、このような機能的な可動域を獲得することが目的なのです。

現代人が失ったさまざまな身体機能を復元する

私たちは、人間の動きは環境的要求と状況的要求によって決定されると考えています。皆さんの日常をふりかえってみてください。

現代社会ではここ数十年、一日中座った状態でする〝仕事〟が、どんどん増加しています。また電車や車で会社へ行くことがほとんどの人の〝移動手段〟になりました。しかしながら、本来人間は進化の過程で狩猟採集を〝仕事〟とし、その仕事をするためには、自分の足で走ることや歩くことが〝移動手段〟であったはずです。

産業の発展により明らかに身体活動量は激減しています。その代償として人間は本来は保持していた身体機能の多くを失いがちになっているということが言えるでしょう。

皮肉なもので産業の進化とともに、人間の機能は退化してしまったのです。

研究者は動くことによって関節内にある機械受容器（求心性インパルスの発生を引き起こす受容器）が「力」という刺激を受け、神経筋機能を変更する特定の求心性情報を伝達すると言っています。これはつまり、〝人間は動く事によって関節の可動域と機能を維持している〟ということです。

本書で紹介するエクササイズは、現代人が失ってしまった身体機能を取り戻す運動と捉えることもできます。人間が本来保持していた機能を復元させるものと考えていただけたらと思います。

このエクササイズは皆さんが日常生活で行っている身体運動の快適な可動域を広げていくものです。初めは快適に感じられないかもしれませんが、本来持っている機能を取り戻すエクササイズですので、数日後には快適になってくるはずです。

　我々トレーナーの考え方の原則として、アスリートにとってのパフォーマンスの向上、一般の方にとっての生活の質（ＱＯＬ）の向上を目指す場合、その基本は、まず身体の可動性と安定性の向上である、とされています。可動性を向上させることはもちろんですが、その可動性をさらに機能的に向上させ、制御することが身体の機能を復元させ、また運動変動性を上げることにつながるということです。

　神経的に身体に負担がかかる方もいらっしゃるかもしれませんがぜひ、継続してみてください。

3章

身体の自由度を向上させよう

肩関節の可動域

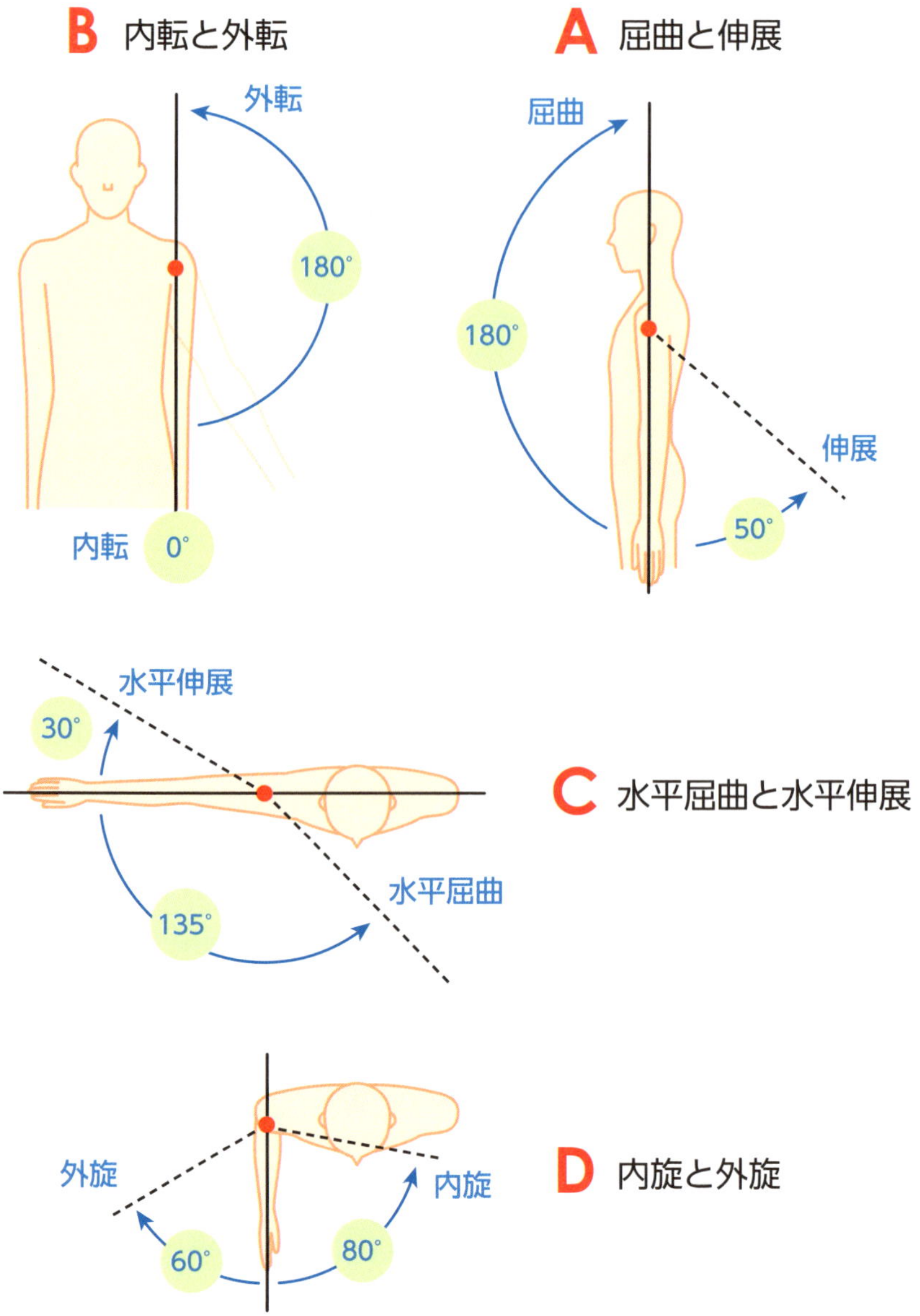

B 内転と外転
外転
180°
内転
0°
A 屈曲と伸展
屈曲
180°
伸展
50°
水平伸展
30°
135°
水平屈曲
C 水平屈曲と水平伸展
外旋
内旋
60°
80°
D 内旋と外旋

股関節の可動域

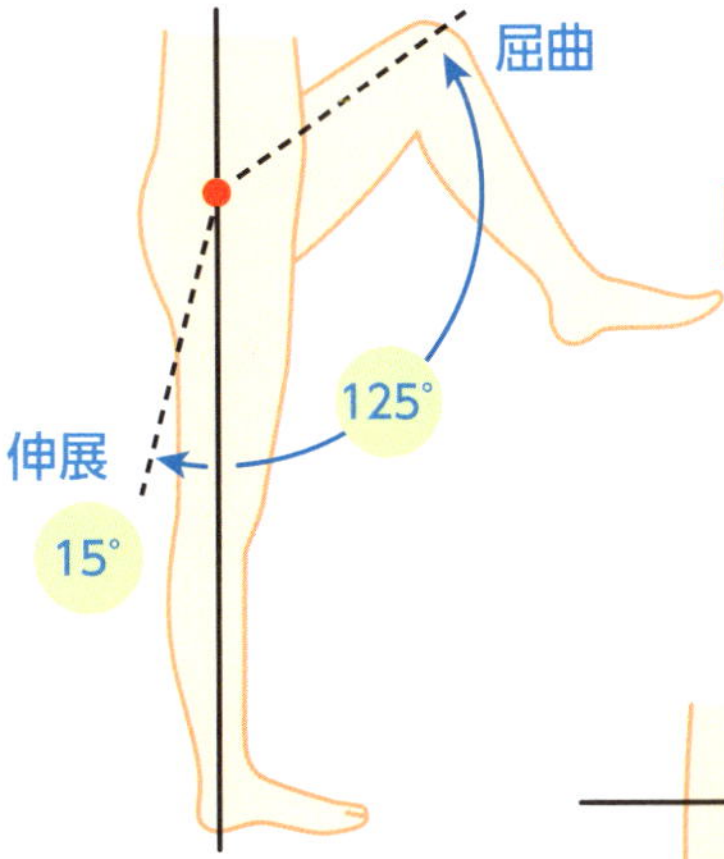

E 屈曲と伸展

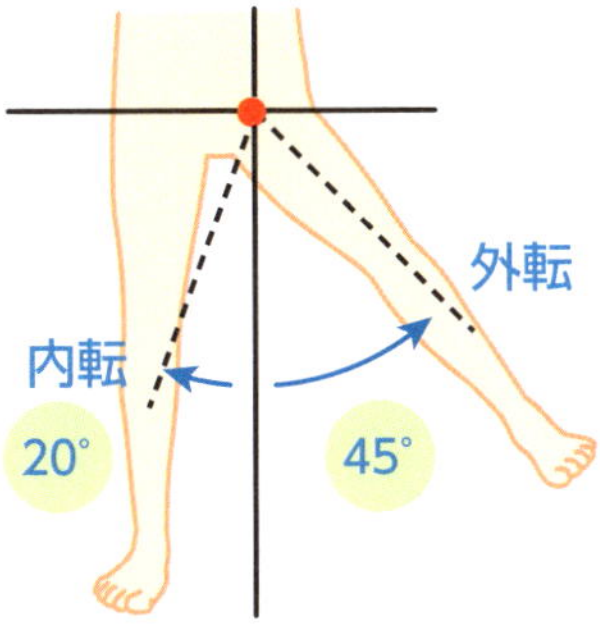

F 内転と外転

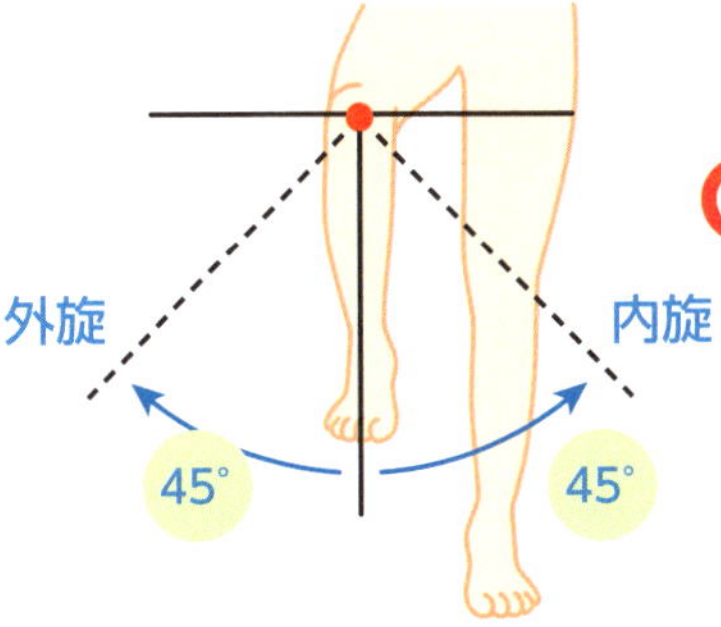

G 内旋と外旋

※参考「関節可動域表示ならびに測定法」（日本整形外科学会雑誌69,240-250,1995、リハビリテーション医学32,207-217,1995）

関節の「自由度」の組み合わせで身体の動きは無限大になる

本書で紹介するエクササイズが目指すのは「自由度の高い身体」をつくることです。

そもそも「自由度」というのはどういうことか簡単に紹介しましょう。

人間の各関節には屈曲、伸展、外転、内転、外旋、内旋などといった動きがあります（26～27ページの図参照）。

膝関節と肩関節で、その動きの自由度（動く範囲）は違います。膝関節は蝶番《ちょうばん》関節の一つで、矢状面と呼ばれる1面の上で伸ばすか曲げる（伸展と屈曲）動きしかありません。これを「自由度1」と表現します。

肩関節（肩甲上腕関節）はボール＆ソケット関節と呼ばれ、3面上（矢状面、前額面、

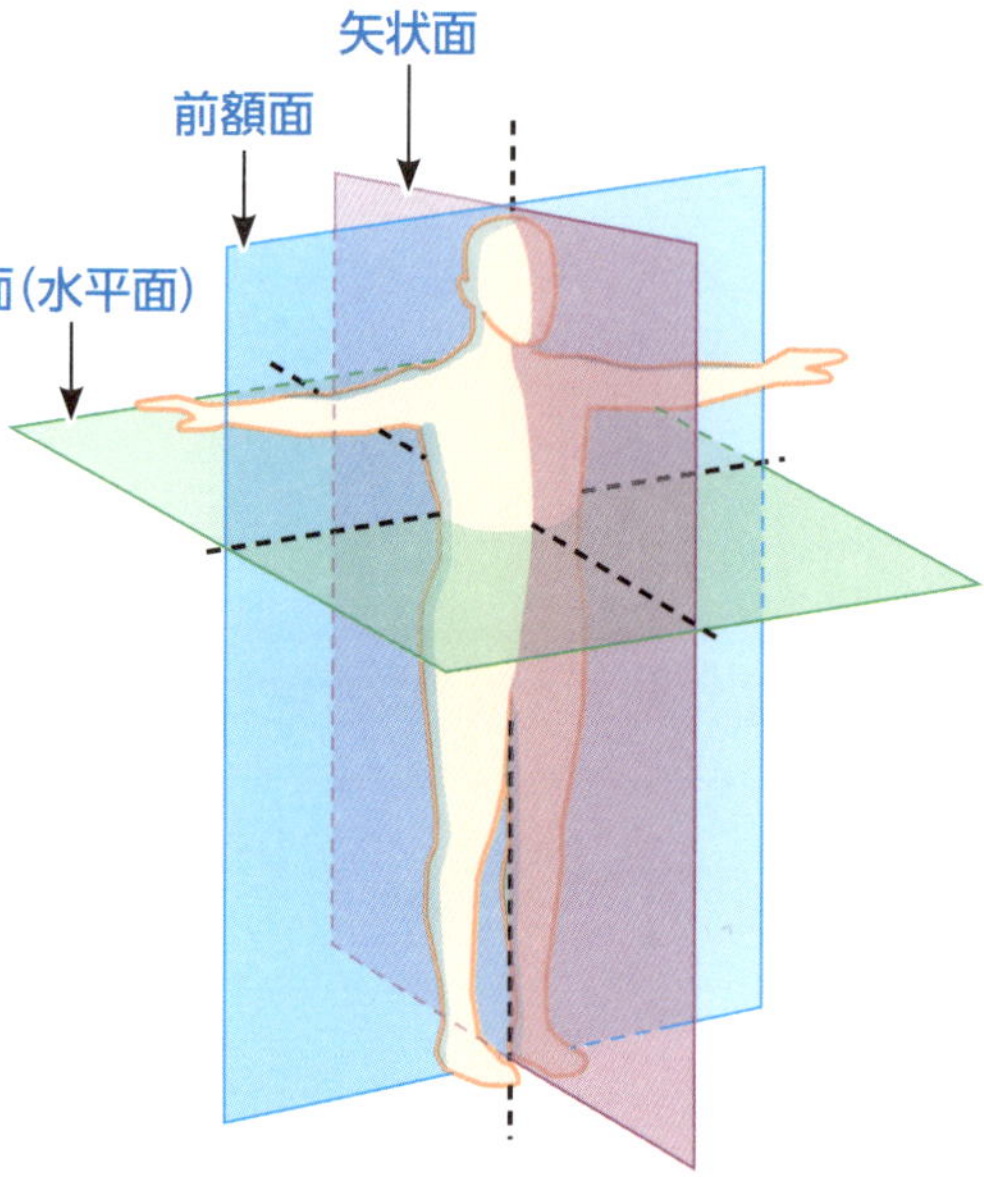

横断面）で動き、屈曲、伸展、外転、内転、外旋、内旋が可能です。３面上で動かせることから股関節の自由度は「３」となります。

すべての身体の動きはこの自由度の組み合わせによって起こります。人体には約２００の骨と約４００の骨格筋があり、身体の動きの自由度は無限大になると言われています。

自由度に関する問題をさらに深く掘り下げて紹介していくと運動制御の分野になりますが、本書では「自由度が高い」ということは「関節一つ一つの動きの組み合わせの数が多い」という意味で、その自由度を高くすることが動きの選択肢を広げることにつながる、と考えてください。動きの選択肢が広ければ「身体をこう動かしたい」というイメージを忠実に実行できる身体を持つことに近づくのではないかと考えています。

日常生活の中で、身体の動きの「自由度の高さ」を実感してその「ありがたみ」を感じることは少ないかもしれませんが、普段行わない動作をたまに行ったときなどに、自由度が低いことに気づくことがあるのではないでしょうか。たとえば急いで駅の階段などを上る際、階段を１、２段飛ばして上がることがあると思います。そうしたとき大腿部を上げる（股関節の屈曲）角度は確実に大きくなり、普段行っていない動きになります。こうしたとき、自分の動作に違和感を感じたり、ときには痛みがあったという方も少なくないでしょう。

自由度の高い身体を持つことはアスリートも例外ではありません。私たちが日々接しているアスリートは、常に日常とは違う「特別な動き」を求められる世界にいます。とくにトップアスリートは、その競技にもっとも適した動きができる才能を持った者ばかり。試合では同等の才能を持った者同士が、持てる実力のすべてを出し合って戦うわけですが、そこで相手より自由度がより高い身体を持つことはアドバンテージになるのです。

たとえばボールゲームでは、ギリギリのところに飛んだボールに追いつけるかどうかで勝敗が決まることも少なくありません。自由度が高く、イメージした通りの動きができれば、そのボールに追いつける確率は高くなるわけです。人体の運動に関してはまだ解明されていない部分もたくさんありますが、少なくとも自由度が高い（人体の構造上最適である）ことは日常生活やスポーツの局面で少なからぬ利点をもたらすと考えます。

それを踏まえ、本書でご紹介するエクササイズはまず関節一つ一つの可動性を上げることから始め、最終的には他の関節との協調性を訓練して動きの自由度を高めることを目指します。

さまざまな環境、状況に対応できる「自由度の高い身体」

身体の自由度を上げることは、アスリートのみならず、一般の方の日常にも、多くの恩恵をもたらします。「自由度が高い身体」は、「最適な動きを習得しやすい身体」とも言えるのです。

では、人にとって「最適な動き」とはそもそも何でしょうか？

前述の通り、人間の動作は環境的要求と状況的要求によって決定されると考えられます。

「歩く」という動作における「環境的要求」とは、地面の固さや、凸凹の有無などですが、雨で濡れたタイル状の地面を歩くときと、普通のアスファルトの上を歩くのでは、当然「歩き方」を変える必要があります。雨に濡れて滑りやすい道を歩くときは滑らないように、足底を慎重に柔らかく置くことでしょう。もし勢いよく地面に接地したら、滑って転ぶリスクがあるからです。同じ歩行でも、環境が変われば必然的に動作を多少変化させなくてはなりません。

「状況的要求」は、心理的状態の変化などを指します。動作を行うときの気持ちによっても、動きの要求は変化するということです。誰かから追われて逃げているときの歩行動作と、のんびりと散歩をするときの歩行動作では、動きに大きな変化が出てきます。

緊張してあわてていれば、足の接地は短くかつ素速くなり、リラックス状態の歩行であれば逆に、長くゆっくりしたものになります。

このように同じ動作であっても、環境と状況が変わることによって動きには微妙な違いが生まれます。その違いにうまく対応し、自然に適応できるために、身体の自由度を高くすることが必要になり、常に「最適な動き」を見つけ出せるハードウェア（人体構造）を持っていることが私たちに求められるのです。

身近な「靴」「靴下」から工夫しよう

2章で私たちは産業の進化の過程で本来の身体機能を失ってきたということを書きましたが、現代に生きる私たちに、何ができるかを考えてみましょう。

家から30キロ先の職場まで、毎日ランニングまたはウオーキングで通うことが理想かといえば、それは現実的ではありません。いきなりこうしたことを目指すよりは、無理のない範囲で、「できること」を日々のルーティンワークの中に入れていくのが理想です。

駅や会社内などでエレベーターやエスカレーターを利用する代わりに階段を利用する、といったことです。オフィスをスタンディングデスクにするのも有効でしょう。

通勤電車の車内でつり革につかまるとき、つり革の持ち手の部分ではなく、根元の鉄の部分を握るようにするだけでもかまいません。普段よりもより高い場所を握ることによって肩が高く上がり、肩甲骨が大きく動くからです。

家の中ではなるべく靴下を履かないで裸足で生活することもおすすめします。裸足で生活することによって足部の筋肉や感覚受容器が活発に働き、足指の動きも良くなります。

私たちの友人でもある高岡尚司氏は裸足でのマラソン日本記録保持者ですが、彼は「ゼロベースランニング」というメソッドを元に裸足でのランニングを普及されています。(https://www.

zerobaserunning.jp）

興味のある方は裸足でのランニングに挑戦してみるのもいいかもしれません。

裸足でのランニングや日常生活はちょっとハードルが高いと思う方は、ほかの方法で良い環境を作ってみましょう。

たとえば靴の選択です。読者のほとんどの方は外出するときや運動するときに靴を履いているはずですが、まず靴の構造を見直してみましょう。皆さんの靴の形と足の形はマッチしていますか？　女性のパンプスはもちろん、男性でも革靴のつま先の部分（トゥーボックス）が狭くなっているタイプのものを履いている方が多いのではないでしょうか。

本来人間の足の形は、中足部の部分に広がり（アーチ）を持つことによって、足底や足指の機能を保つようになっています。

しかし、パンプスなどは中足部から先端にかけて狭くなっており、本来の足の形と反したデザインになっています。こうした「不自然」な靴を日常生活の中で履き続けることは、足の形状を変え、外反母趾や足指の動きを悪くすることにつながります。

この本の撮影ではアルトラ社（ALTRA）のトレーニングシューズを使用しました。アルトラ社

従来の靴の足先の状態

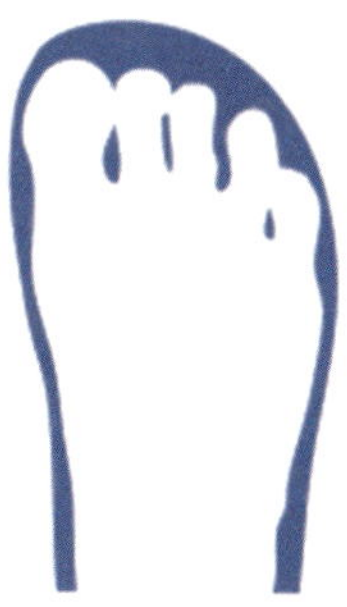

ALTRAの足先の状態

のシューズはトゥーボックスの部分が広がっているようにデザインされています。したがって、中足部は本来の形状を維持し、足部の機能は最適に保たれ、足指の動きに制限のない状態を保てます。靴の中で足指の自由度を保つことができるのです。(http://altrazerodrop.jp)

靴下の選び方を工夫してみるのもいいでしょう。おすすめしたいのは足の指がそれぞれに動きやすい5本指ソックス。なお今回の撮影で着用したのはTabioのソックスです。(https://tabio.com/jp/socks-0001/)

最善な用具を選び、すすめることも、私たちトレーナーにとって大切な仕事だと思っています。皆さんもぜひ、身体の自由度を保つ環境を作ってみてください。

正しい呼吸を身につけることで心身の自由度が上がる

身体の自由度を高め、自在にコントロールするために欠かせないのが「正しい呼吸」をすることです。

立つ、歩くといった日常的動作時にはもちろんのこと、生命を維持する内臓の働きにも、主役になる筋肉（主筋）と補助的役割をする筋肉（補助筋）が調和をとりながら使われています。

人間は呼吸をしなければ生きていけませんが、呼吸にも筋肉が使われます。もっとも重要なのが横隔膜。「膜」がついていますが、横隔膜はれっきとした筋肉で、これが上下することによって肺に圧力をかけたり抜いたりして、呼吸ができるわけです。

思い通りにコントロールできる自由度の高い身体とは、各器官が正常に働くとともに調和をとりながら連動できている状態です。そこには当然、呼吸が含まれますが、そのための「正しい呼吸」ができていない人が実は非常に多いのです。

呼吸はメンタルと強い相関関係にあります。緊張したりストレスを感じた場合に呼吸は浅く速くなり、逆にリラックスした状態では呼吸は深くゆっくりになるものです。人が身体を動かす局面、スポーツの試合などではメンタルは緊張寄りの状態にあります。しかし、過度に緊張すると身体は思うように動かなくなり、冷静な判断や創造的なプレーはできなくなります。かといってリラックスしすぎていては十分な力は発揮できません。思い通りの動きをして勝利を得るには、緊張が必要な部分とリラックスが必要な部分を自在にコントロールできる能力が求められるわけです。しかし、これはたやすいことではありません。

ただ、呼吸とメンタルは相関関係にありますから、呼吸を自然にコントロールできれば、メンタルもコントロールできるということになります。

トップアスリートの多くは試合経験を積むことで「正しい呼吸」を体得しています。また、呼吸の大切さを知り、訓練によって「正しい呼吸」を身につけた人も少なくありません。一般の方は、そうした経験をしたことはほとんどないでしょうし、呼吸に対する関心も薄い。そのためメンタルをコントロールするための「正しい呼吸」ができない人が多いのです。

では「正しい呼吸」とはどのようなもので、どうしたらできるようになるのでしょう。
「正しい呼吸」とは主呼吸筋である横隔膜が上下に正しく動いていることによる呼吸です。鼻呼吸によって吐き、吸うことで横隔膜はその動きをするようになります。アスリートに限らず現代人の多くは、横隔膜がほとんど動かず、肩や胸、背中の筋肉などを過剰に動かしてそれを補っている状態です。

呼気と吸気の量は同じですが、「吸う」という行為は交感神経とつながっています。吸うほうが優位になると呼吸量（空気の換気量）が増え、それは交感神経を亢進させ、心も体も緊張します。一方「吐く」ことは副交感神経につながっているため副交感神経優位になり、心が落ち着くわけです。つまり、今の自分が「緊張している」「イライラしているな」などと感じたら、静かにゆっくりと息を吐くようにすれば、落ち着きを取り戻せるのです。

また「吸う」ときには横隔膜が下がりますから、それにともなって内臓が下降して重心が下がり、腹腔内圧が高まることでコンタクトスポーツに必要な安定感をもたらします。逆に「吐く」ときは重心が高くなりジャンプなどのときにはとくに有利です。理想的な呼吸とは「どちらがいい」ということではなく、動きに応じて無意識に「正しい呼吸」を選択できる、ということなのです。

ただ実際には、一般的に「日常的に呼吸が浅く回数が多い」という人がほとんどです。日々のさまざまな心理的ストレス、また姿勢などがそうさせている、ということも非常に多い。

たくさん吸えばいいということではありません。「深呼吸」は確かにリラックス、リフレッシュ効果はありますが、それが日常になり、回数も1回の量も「常にたくさん吸ってたくさん吐く」という呼吸量が多い状態が続くと、これは心身を常に緊張させることにつながります。血中に最適な酸素と二酸化炭素のバランスを保つことが、実はもっとも大切なことなのです。

　これを改善する練習法としては、まず口呼吸をやめて鼻呼吸を身につけること。そしてとにかく静かにゆっくりと呼吸することを習慣にし、安静時の無意識な呼吸の量（換気量）を減らしていくことです。たとえば10カウントで吸い、10カウントで吐く。これが苦しいようであれば、最初のうちは3カウントで吸い、3カウントで吐くところから行ってもいいでしょう。そして慣れてくるにつれ、カウント数を増やしていくのです。吐く途中で思わず息を吸い込みたくなったり、思わず肩や胸が動いてしまうようだったら、カウントを減らしてください。

　毎日、少しずつでも練習をすることで日常の呼吸は静かにおだやかになり、しかも、横隔膜がより動くようになります。そしてここぞというときには、自然に速く、かつ力強くなります。

　また、この呼吸の練習をする際、横隔膜が正しく動いているか、手で触って確認してみてください。肋骨の胸の下の部分に手を当てて、ゆっくり吸って吐いてを繰り返します。横隔膜が正しい位置にあれば、息を吸ったときに手を当てている肋骨は横に広がりながら少し上方向に、吐くときは広がった肋骨が内側に戻りながら少し下がるように動くはずです。

　このような練習を繰り返し、無意識にこの呼吸ができるようになれば、呼吸のコントロール、そしてメンタルのコントロールができるようになり、動きにおいても自由度の高い体を手に入れることにつながります。くわしくは、私たちの友人でもある近藤拓人氏との共著『新しい呼吸の教科書』（ワニ・プラス刊）をご参照ください。

4章

身体を動かす前に基本ポジションをチェックしよう

静止状態でのポジションを確認する

関節の可動域を実際に広げていくエクササイズをご紹介する前に、まず前提となる静止状態でのポジションを確認することから始めましょう。このあとに紹介するエクササイズはこのポジションから動きを創り出すことによって、機能的な可動域を作ることになります。まずはこのポジションが適切にとれていることが前提となってくるのですが、このポジションをうまくとれない方はリグレッション（1段階レベルを落とした状態）したポジションから始めることも可能です。

私たちの友人で、アメリカでアスレティックトレーナーとして数多くのプロアスリートをクライアントにもち、世界中でその経験をワークショップなどで紹介しているアナ・ハートマン（※1）はレストポスチャー（※2）という形で12個の「休息のポジション」を紹介しています。そのポジションはうつ伏せや、仰向け、あぐら、正座、スクワットなどで、私たちが紹介するポジションと類似しています。アナは快適にこのポジションをとれることが生物として休息することや、また恒常性を保ち回復を促すことにつながると考えています。私たちも彼女の考えと同様に人間の可動域が最適であれば、これから紹介するポジションが容易にでき、また機能的な可動域獲得のための基礎となると考えています。

私たちはレストポスチャーだけでなく、アクティブに動けるようにするポジション（スタンディングポジションや四つ這いポジション）も基本のポジションとして加えています。動きを向上させるという目的を達成させるためには、このようなポジションも正確にできることが重要だと考えたからです。まずはバランスよくこれらのポジションがとれるかどうかを確認する作業から行っていただけたらと思います。うまくできなくても悲観せずにリグレッションしたポジションから始めて、時間をかけて挑戦してみて下さい。皆さんがこれらのポジションをとれない理由は前章でも説明した通り、長い間そのポジションを行わなかったことによって脳が動きを忘れ、関節など軟部組織へのフィードバックが少なかったことなどが原因です。時間をかけて行い、もう一度、脳に動きの許容範囲を広げるように指令を送ってあげて下さい。

※1　アナ・ハートマン
アスレティックトレーナー／動作指導者。数多くのプロアスリートの指導経験を持つ。その指導はアメリカ国内だけではなく国外でも高く評価されており、日本でもワークショップが開催されている。彼女のウェブサイトは https://www.movementrev.com
※2　レストポスチャーはニュージーランド在住の動作指導者、フィリップ・ビーチが発案したもの。

スタンディング・ポジション

かかとの垂直線上に頭がある直立の姿勢

本書で紹介するエクササイズを行ううえで、ベーシックな姿勢＝ポジションがとれているか、まずは自分自身でチェックしてみましょう。

まずは直立の姿勢から。チェックポイントは「かかとの垂直線上に頭があるか」と「肩と腰のラインが地面と水平であるか」です。かかとの垂直線上に頭があるというのは、重心が中央にありバランスがとれていることを意味します。長年の生活習慣などで重心が前、あるいは後ろにかかっている人も多いのです。猫背気味で垂直線上より頭が前にある人は重心が前になっていますし、お腹が出ている人などは、バランスを取るために頭が後ろに来てしまい、重心が後方にかかっていることが多いものです。

また、「足の裏がしっかりと地面に乗っているか」も意識してみてください。意識するポイントは、親指の付け根にあるふくらんだ部分＝母趾球、小指の付け根にあるふくらんだ部分＝小趾球、かかとの3点が均等に接地しているかどうか、です。足裏にこの3点を結んだ三角形をイメージし、「均等に体重がかかっているか」をチェックしてください。両足ともに意識できればＯＫです。

これは「自分の姿勢は今こういう状態なのだ」と知るためのチェックであり、最初は正しいポジションがとれなくても、練習によって改善できます。

直立

CHECK

- 頭の位置がかかとの垂直線上にくるように
- 重心が体の中央にあるかどうかチェック
- 足裏の母趾球・小趾球・かかとの3点を結んだ三角形が均等に地面についていることを意識
- 肩と腰のラインが水平であるか

正座ポジション

かかと上に骨盤が乗り、その垂直線上に頭が来る姿勢

正座はかつて日本人にとってもっとも馴染みのある座り方でしたが、最近では畳の住居が少なくなったこともあり、正座をする機会も減ってきているのではないでしょうか。しかし、正座がレストポスチャーとしても使われていることからも、正座を継続して行えることは私たち人間にとって本来の身体機能であるとも言えます。

正座が心地悪いものになってしまうのは、正座の習慣がなくなったことが大きな原因ですから、日常的に少しずつ正座をする習慣を持つのもいいことです。正座の動きをよく観察してみると、股関節は深い屈曲、膝関節の完全屈曲、足関節は底屈になっており、それぞれの関節の最終域まで動いていることが確認できると思います。

チェックポイントは「かかとの上に骨盤が乗り、背筋が伸びて、その垂直線上に頭があるか」です。足の甲は後方に向けて伸ばすようにし、手は下げます。甲の部分に体重がかかるため、慣れていない人は、どこに痛みを感じるか、などを確認しながら行ってください。

最初は1分ぐらいから始め、2分、3分と増やしていって10～20分はできるようにしてみましょう。続けていくうちに、より安定する骨盤の乗せ方がわかり、10分以上たっても楽に正しい姿勢をキープすることができるようになるはずです。

正座

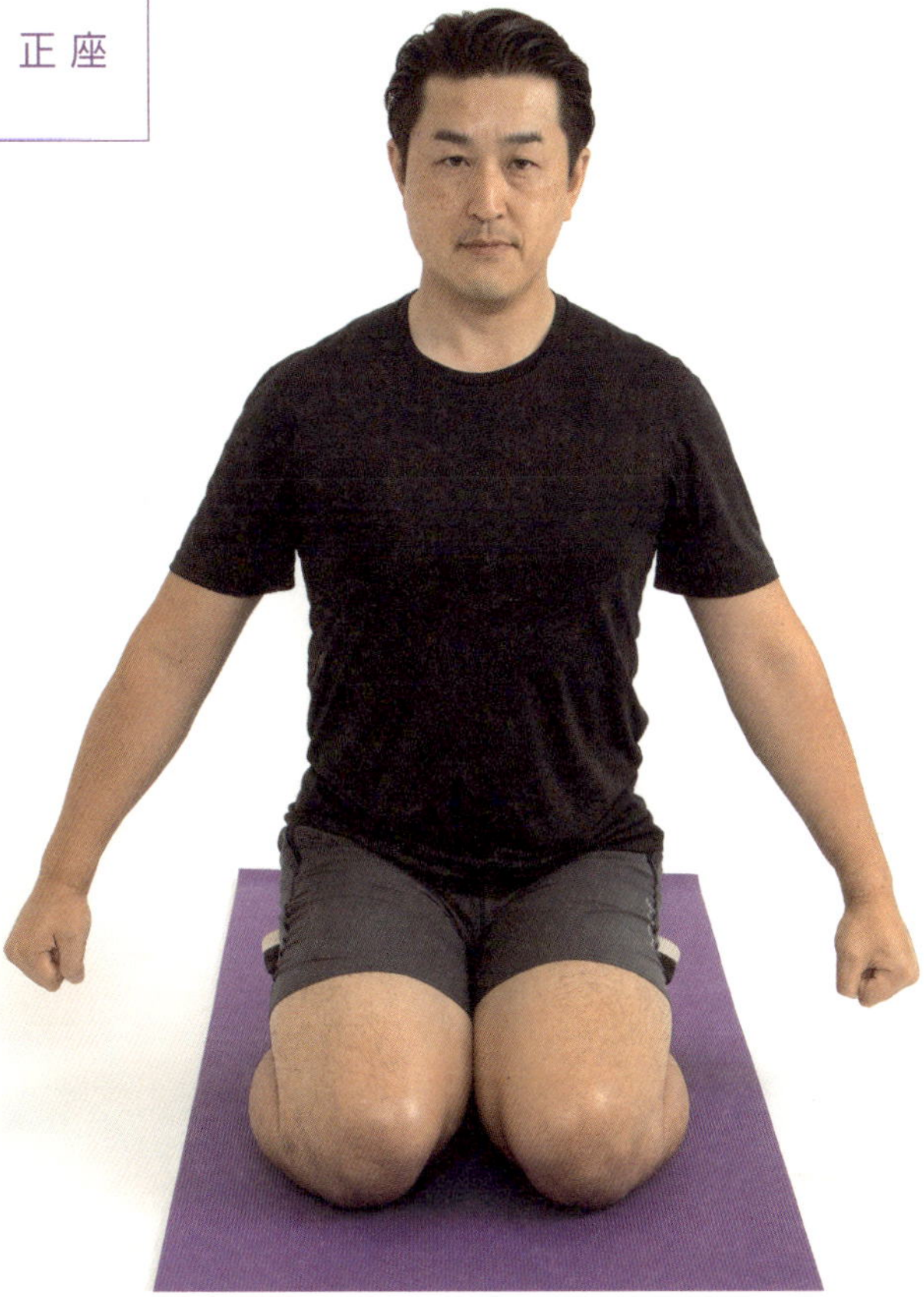

CHECK

- 足の甲を伸ばして正座し、かかとの上に骨盤が乗るようにする
- 背筋を伸ばし、かかとの垂直線上に頭があるようにする
- もっとも安定して座れる形を探し、10分は継続して座れるようにする

四つ這いポジション

足だけでなく手と肩に刺激を与える

我々の先祖は四足歩行で行動をしていました。二足歩行になったことによって肩甲帯は身体を支える必要がなくなってしまいましたが、二足歩行が習慣となった現代の人間にとっても、四足歩行の基本になる姿勢を確認しておくことは大切だと思います。

四足歩行の前提になる姿勢が、「四つ這い」のポジションです。四つ這いのポジションで重要なのは、手、腕、肩甲帯の部分に正しく荷重がかかり、上半身が身体を支える役割を果たせているかどうかです。とくに肩には大きな負担がかかりますが、二足歩行の私たちは肩の機能を発揮する機会が少ないため、その機能は衰えがちです。年齢を重ねると、しばしば四十肩、五十肩といった肩の痛みが出ることがあるのは、肩を十分使っていないからだとも言われています。

また、さらに高齢になると転倒して骨折などの大ケガをすることが多くなります。これは単に反応が鈍くなるだけでなく、手・腕・肩甲帯で身体を支えられなくなっていることも要因としてあげられるでしょう。

その意味でも地面に手をつき、肩に刺激を与えることは重要です。

基本のポジションは腕を伸ばして手を床につき、肩の真下に来るようにします。背筋は伸ばし、腰と大腿、大腿と膝は90度に保ってください。

四つ這い
の姿勢

○ CHECK

- 肩の真下に手をつく
- 膝の位置は骨盤の真下に来るようにする
- 背筋を伸ばす
- 腕と体、腰と大腿、大腿と膝の角度は90度になるよう意識

しゃがむポジション①

両脚を閉じてしゃがむ姿勢

両脚を閉じて、かかととお尻をつける動作は簡単に見えてなかなか難しい動作です。

チェックポイントは、両足裏を地面に接地したままで、両膝の内側部がついた状態を維持できるかどうかです。足関節の背屈（つま先を脛《すね》に向ける）に制限があると、どうしてもかかとが浮いてしまいます。

これは生活習慣も影響しているのではないでしょうか。私たちは以前に比べると和式トイレを利用する機会が非常に少なくなりました。和式トイレが当たり前だった世代の人は毎日、一定時間しゃがむ必要がありましたから、無理なくこの姿勢がとれます。しかし現在は洋式トイレが主流で、しゃがむ必要はありません。そのため足首が固くなり、両足裏をべったりと地面につけることができなくなっているのです。また、畳の部屋で生活していれば脚を折り曲げることが多いので足首も曲げやすいですが、洋間で椅子に腰かけることが日常であれば、足首は固くなり股関節を深く屈曲させることもできなくなります。そのせいか和式トイレも畳の生活も縁遠くなった若い世代にはできない人も多いのです。

しかし、関節の機能や可動域が最適に保たれていればこの姿勢がとれるはずです。できない人も練習を重ねれば、少しずつできるようになります。しゃがむ動作を、もう一度思い出しましょう。

しゃがむ姿勢①

CHECK

- 両脚、両ヒザをそろえてしゃがむ
- 両腕は前方に伸ばし、バランスをとる
- 両足裏を接地させて、この姿勢がとれるかをチェック

しゃがむポジション②

両脚を開いてしゃがむ姿勢

前ページで紹介した両脚を閉じてしゃがむ姿勢が苦しくてできない人は、両脚を開いてしゃがむ姿勢からトライしてみてください。①では両脚をそろえており太腿がお腹の前に来るため、足首の屈曲が深くなり、重心も後方にかかります。できない人が無理をしてこの姿勢をとると、尻もちをついてしまうかもしれません。

しかしこちらの姿勢は両足を肩幅ほどに開き、膝を開くことで、足首の屈曲は若干浅くなりますし、重心の位置も前に来てバランスがとりやすくなります。

ただ、それでもかかとが浮いてしまう人はいるでしょう。かかとが浮いてしまう場合はかかとの下にタオルなどを敷いてかかとを浮かした状態で行うのも一つの方法です。その状態でも股関節や膝関節の屈曲を保つことはできます。継続して行っていくことによって、かかとが浮く高さを1ミリ、2ミリと下げていけるようにしてください。無理をせず、少しずつ慣れていくことで、できるようになります。

そして開脚でのしゃがむ姿勢ができるようになったら、あらためて①にも挑戦してみてください。②とはまた違った動きになるので難しいかもしれませんが、関節に違う動きを覚えさせることも大切です。

しゃがむ
姿勢②

CHECK

- 両脚は肩幅に開き、両膝も開いた状態でしゃがむ
- 両腕は膝の横に伸ばす
- 両足裏を接地させて、この姿勢がとれるかをチェック

90+90

90+伸脚

股関節の柔軟性をチェックする姿勢

90+90は前脚の大腿部は外旋（身体の外側に向けて回旋）した状態で股関節と膝関節を90度に保ち、後脚の大腿部は内旋（身体の内側に向けて回旋）した状態で股関節と膝関節を90度にすることを言います。その際、上体は垂直を保つようにします。両手を地面につけていなくてもこの状態を保てることが理想です。前後の脚を入れ替えても同じような感覚で姿勢を保てるようにしましょう。日常ではあまり行わないポジションですが、股関節の内旋と外旋を同時に行えるポジションで、股関節の可動域を確認するにも適しています。

90+伸脚は、90+90の状態から前脚の膝を伸展した状態です。前脚を伸ばす際は、膝蓋とつま先が天井に向いた状態を保てるようにします。90+90のポジションよりも後脚の内旋が大きくなるので90+90よりも窮屈に感じるかもしれません。

両方のポジションとも股関節の可動性が多く求められます。無理をせず、少しずつ正しいポジションに近づけるようにしていってください。左右とも行いましょう。

CHECK

- 左大腿を外旋させ、膝下を内側に曲げる
- 右大腿を内旋させ、膝下を右後方の位置に置く
- 股関節、膝の角度は90度
- 上体を垂直に保つ。傾く場合は手をついてもよい

90＋90

CHECK

- 上の姿勢から、左脚を体の前に真っ直ぐ伸ばす
- 上体を垂直に保つ。傾く場合は手をついてもよい

90＋
伸脚

片脚伸脚ポジション

しゃがむ姿勢から片脚を伸脚させた姿勢

しゃがむポジション②の姿勢から、片脚を伸ばしたポジションです。伸ばした脚のつま先は底屈（つま先が伸びた状態）を保ち、脚は身体の横に一直線になるようにします。また、バランスをとるため身体は前傾させ手を前に伸ばします。うまくバランスがとれない人は両手を着いた状態から行ってもかまいません。回数を重ね、慣れてきたら手を地面から離すようにしてください。左右両方を各10秒から20秒、行ってください。

しゃがむポジション②に比べて、片脚を伸展させ外旋しているぶん、もう片方の脚の股関節、膝関節、足関節の屈曲位を保つのは容易になるかもしれません。

このポジションを取ると伸ばしている脚の内転筋、ヒラメ筋などが伸びていることが実感できます。動作を行っていくことによって股関節の可動域は確実に広がっていきますし、関節に運動刺激を与えることで自在にコントロールできる機能を呼び覚ますことにつながります。左右とも行いましょう。

CHECK

- 左脚は体の真横の方向にまっすぐに伸ばす
- 左脚のかかとをついてバランスをとる
- 両腕は前に広く開いて伸ばす

片脚伸脚

足指の機能的な可動域も確認しよう

今まで足指の動きを意識したことがありますか？　足指は日常生活で意識的に動かすことがない部位であるかもしれません。手の指ほど器用な操作性があるわけでもなく、足指の利便性を感じることがないのも確かです。しかし、足底のアーチを形成し、保つためには一つ一つの指が働いていなければならないと言われています。現代人の生活の中では、靴や靴下を履く機会が多く、足指すべてがそろったまま、まとまって維持されてしまう環境が長く続くことが稀ではありません。意識的に一つ一つの指を個別に動くようにすると足底のアーチは保たれ、足部の痛みを軽減することにもつながると思います。

まずは自分の足の指がどの程度動くかチェックするところから始めましょう。写真では5本指ソックスを履いていますが、もちろん裸足で行っていただいてかまいません。

最初に、足の指を閉じた状態から開くかどうかチェックしてみてください。指と指との間に空間ができれば機能できる足ということになります。次に、置いた足の親指だけを上げられるか、親指以外の4本を上げられるか、ということもチェックしてみましょう。足の指の神経を鋭敏にし、地面をつかむ感覚を持つことはスポーツでのパフォーマンスを上げることにつながりますし、日常生活でも有効ですから、ぜひトライしてみてください。

足の指
①

CHECK

- 足の指５本が閉じた状態から、開けるところまで開く
- ５本の指それぞれの間に空間ができるまで開けることが望ましい

足の指
②

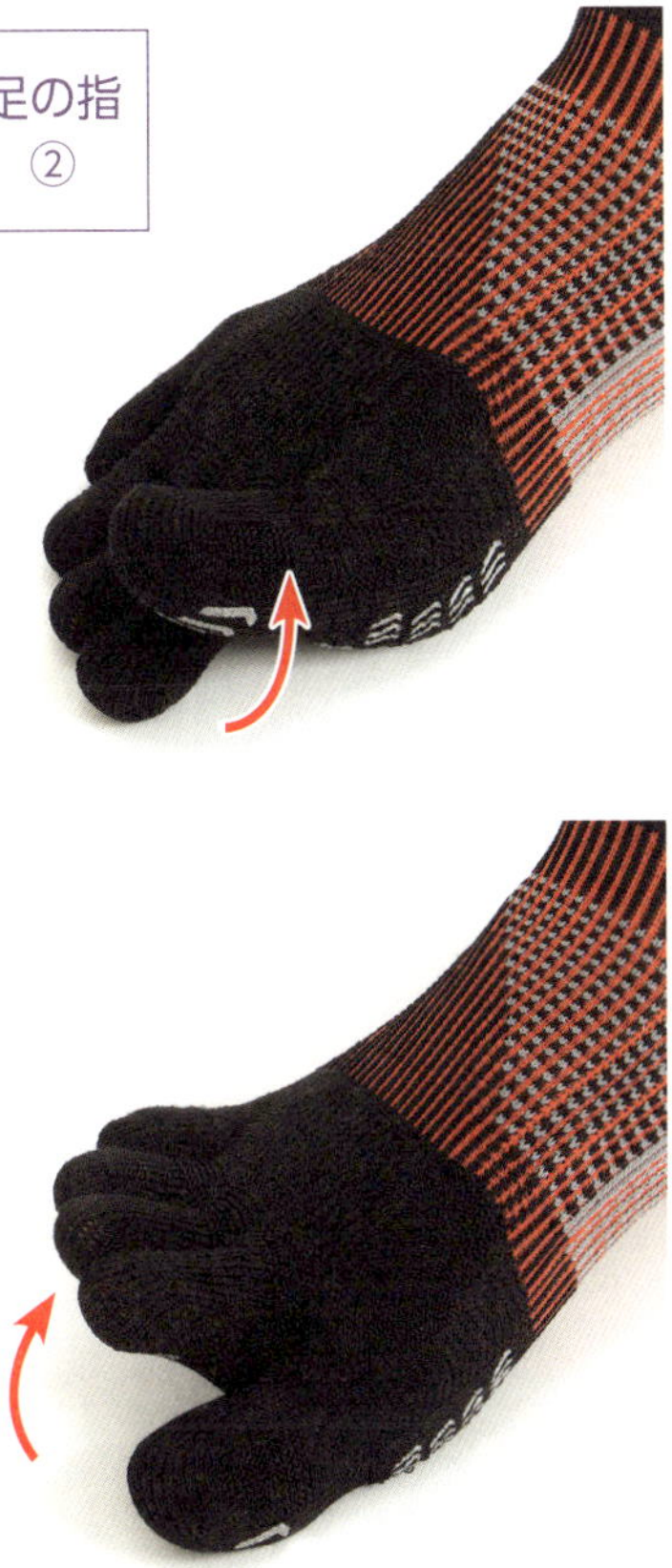

CHECK

- 足裏が接地した状態から、親指１本だけを床から浮かせるようにする
- 親指を下ろし、今度は他の４本の指を床から浮かせるようにする
- これを交互に行い、足の指を自在に上下に動かす感覚を身につける

片膝を立てた長座から手を使わずに立ち上がる

このエクササイズはかなり難易度の高いものですから、十分に時間をかけて行っていただけたらと思います。

床に腰を下ろし、片脚を前方に伸ばし、反対の脚は身体に引きつける姿勢をとります。この姿勢からまずは上体を前傾させ、曲げている膝と胸をできる限りつけることを意識します。そして伸ばしている脚を地面からゆっくりと浮かせお尻を浮かせるようにします。これを左右行います。

初めてトライする人は、お尻を浮かせることも難しいかもしれません。とくに足首が硬く、しゃがむポジションがとりにくい人は、スタートの姿勢で身動きがとれない状態だと思います。しかし、しゃがむポジションがとれるようになっていれば、何回か試みることでお尻が浮くようになるはずです。屈曲している脚の足首、膝関節、股関節の屈曲をできる限り深く保つことによって、かかとを重心の真下に引き寄せます。かかとが重心の真下に入れば、お尻を浮かす動作も楽になり、あとは立ち上がるのみです。立ち上がるにはある程度、筋力が必要になってきますが、身体の位置関係が適切であれば、さほど力まなくても立ち上がることができると思います。

身体の自由度を上げることは最適な動きを習得することにつながります。このエクササイズのようにさまざまな姿勢から手を使わずに立ち上がるといった動きを習得することは遊び感覚でで

CHECK

- 膝と胸はしっかり引きつけておく

き、機能的な可動性の習得につながるエクササイズになると思います。本書で紹介している、正座、90＋90、90＋伸脚などといった座位から手を使わずに立ち上がるといった動作も似たようなものになります。ぜひ他のポジションからもチャレンジしてみてください。

5章

エクササイズの前に知っておきたいこと

この本で紹介するエクササイズは、ここまでお話ししてきた通り、皆さんが一般的にイメージする「ストレッチ」とは違うものです。

11ページの写真のような、おなじみの静的ストレッチは適切なタイミング、適切な方法で行えば、副交感神経を優位にし、リラックス効果もありますので、中止する必要はありません。この本で紹介するエクササイズと組み合わせて行っていただいてかまいません。

エクササイズは上半身と下半身に分かれており、上半身は肩関節、下半身は股関節のエクササイズが中心になっています。人間の身体の中では肩関節と股関節の2つだけがボール&ソケット関節で、動きの自由度がもっとも高い「自由度3」の関節です。

自由度が高く動きが多いぶん、安定性が低いとも言えますが、安定性と同時に可動性も失っている方が多いとも感じます。

また、肩関節、胴体、股関節は身体の中心部を構成するもので、いわば「身体の軸」です。私たちは、アスリートにとっても一般の皆さんにとっても、身体の軸の最適な可動性を保つことが非常に重要だと考えています。そのため、この本では肩関節と股関節のエクササイズを、他の関節よりも数多く紹介しています。

しかし、こうしたエクササイズはコントロールできる関節すべてに対して行うことが可能です。56～57ページで説明した足の指の関節や、この本では紹介しきれなかった多くの関節を、一つずつできるだけ多く動かすように努めていただければと思います。

回旋エクササイズ（上半身・下半身）を行うときの注意点

POINT

【回旋エクササイズを行う場合の注意点】

① ていねいにゆっくり、できるだけ大きく（最大域値で）行うこと
② どの関節にアプローチしているのかをきちんと意識すること
③ 関節の動きに関連しない部分は、極力動かさないように安定させて行うこと

①の「ていねいにゆっくりと動かす」ことによって、関節の受容器は動きを認識します。大きな動きを行うことによって、普段使わない筋肉も動きを認識することにつながります。その際に痛みが出るのであれば、無理をせずにその動きは行わないようにしてください。

②の「アプローチする関節を意識する」ことには、大きな意味があります。動かしている部位に対して脳からの入力を促すために、「その部位だけが動いていること」をイメージしながら行ってください。肩であれば肩だけが動いていることを意識して行ってください。

③も、すべてのエクササイズにおいて非常に重要です。全身をガチガチに緊張させるのではなく、ある程度の緊張を保ち「安定」させてください。動かすべき部分以外が動いてしまう、身体がねじれてしまう、傾いてしまう、ということがないようにします。

緊張を保つために他の部位に「アイソメトリック（等尺性）収縮」を促すのも良い方法です。アイソメトリック収縮とは筋肉の長さを変えずに収縮させることを言います。右肩の回旋運動を行う場合であれば、反対側の動かさない左腕のこぶしを握ることによって、左腕全体や体幹部にアイソメトリック収縮が起こります。その原理を利用することで、安定性を高めることが可能になるということです。

回旋エクササイズの目的は「どこまで脚が開くか」「どこまで指が届くか」といったことではなく、現在の可動域をきちんとチェックしながら、しっかりと動きをコントロールしてていねいに動かすことです。それによって、可動域そのものも少しずつ適切な状態に近づいていきます。反動をつけたり、勢いで脚や腕を振り上げたり、という動きは行わないようにしましょう。

回旋エクササイズは自体重のみで行うことから始めますが、慣れてきたら、重りを持って同じエクササイズを行うなど、少しずつ負荷を上げることをおすすめします　最初からハードルを上げすぎず、気楽に、ただしどんなに短時間であってもていねいに、動きをコントロールしてやってみてください。

リフトアップエクササイズ（上半身・下半身）を行う場合の注意点

リフトアップエクササイズは、関節可動域の現在の最終域値から、さらに動かせる範囲を広げるためのものです。

機能的な可動性向上のためには、最終域での力発揮が重要になります。

そこで重要なのは、伸張反射（ストレッチリフレックス）という、脊髄反射を理解することです。この反射は皆さんも経験があると思うのですが、たとえば、両脚を伸ばして床に座った姿勢（長座）で前屈し、両手で足のつま先を触るようなストレッチを行った際、ハムストリングなどの筋群が硬い人は一定まで伸ばすと痛みを感じ、これ以上伸ばすのをやめさせようとする現象です。この反射機能を伸張反射といいます。伸張反射によって起きる痛みは筋肉の損傷を防ぐための防衛機能とも言われていますが、この機能は脳がコントロールする機能であり、反射が起こるポイント（痛みを感じてそれ以上できなくなるポイント）は人によってさまざまです。つまり、両手をつま先の方向に伸ばしただけで痛みを感じる人もいる、ということです。

考え方としてはそのポイントの設定値（デフォルト）をできる限り上げることが重要だということ。設定値は過去の運動体験、経験などから決まることが多く、運動体験・経験が少ない場合は、設定値が低くなります。

けれども、自発的に制御して運動を行えば、その設定値は高くなり、さらに最終域で力を発揮することも可能になっていきます。

リフトアップは伸張反射に対して積極的に介入するため、回旋エクササイズよりも強度が高いエクササイズになります。

行ったあとに疲労感を感じることもあると思いますから、少しずつエクササイズの回数や種類を増やしていってください。

POINT

【リフトアップエクササイズ（上半身・下半身）を行う場合の注意点】

① **最終域値に対して積極的に介入する**
② **伸張反射のデフォルトを変える**
③ **3~5秒間静止する**
④ **いずれも3~5回ずつ行う**
⑤ **徐々にエクササイズの種類数を増やす**

回旋エクササイズ。リフトアップエクササイズともに、「動きをコントロールして行うこと」が原則です。

そして、現在の最大域に対して積極的にアプローチをしてください。

回旋エクササイズは自分の関節可動域を認識する「可動域チェック」の意味もありますから、可動域が出にくい動きをチェックしてみて下さい。そのあとに可動域の出にくい動きや域値に対して積極的にリフトアップを行うと、より効果が出てくると思います。

エクササイズを行う時間、回数、順番の注意点

POINT

【エクササイズを行う時間、回数、順番の注意点】

① 時間帯は問わない。起床後、休憩時間などを利用しても可。10分程度の短時間でも可

② 短時間でもなるべく上半身、下半身、両方のエクササイズを1つずつでも行う

③ 1回のエクササイズで「上半身の回旋」「上半身リフトアップ」「下半身の回旋」「下半身リフトアップ」の4つを1つずつ以上行うことが望ましい

④ 毎日同じエクササイズを続けるより、さまざまなエクササイズを行うほうがよい

⑤ 脚や腕の角度は適宜変更して行ってかまわない

両方のエクササイズとも行う時間帯はとくに問いませんが、回旋エクササイズは朝起きてからのルーティンにすることをおすすめします。起床後は睡眠によって同じポジションにいることから、身体が硬くなっていることが多いからです。

朝のルーティンとして回旋エクササイズを行うことで関節の動きを取り戻し、回旋エクササイズよりも強度が高いリフトアップエクササイズはご自分の日常生活の中でできる時間帯に行って下さい。

エクササイズの選択は苦手な部位に対して頻度を多くするのをおすすめしますが、できる限り上半身と下半身のバランスよく行ってください。また可能な限り、回旋エクササイズとリフトアップを一緒に行うと効果が出やすくなります。回旋エクササイズで弱点を見つけ、リフトアップで弱点を強化するといったイメージを持ちましょう。

本著ではエクササイズの数を制限して紹介していますが、エクササイズは無限にあります。人間の動きは無限大にありますが、その中でも重要度の高いものを抜粋して紹介しました。慣れてきたら、新たな動きにチャレンジすることが自由度を上げることにつながります。また難易度の感じ方はさまざまで、人によってはどのエクササイズもさほど難しさを感じないという方もいるでしょう。どれもたやすくできるということは、人間が持つべき自由度をすでに習得しているということになります。

紹介したエクササイズでは物足りないようならば、重りを持つなどして負荷をかけて行ってもいいと思います。また、本書では紹介しきれませんが、難易度のさらに高いエクササイズをご自身で調べてチャレンジし、動きの向上を図ってください。

主要参考文献

- Does stretching improve performance?　A systematic and critical review of the literature.
  （Shrier I. ／ Clin J Sport Med. 2004 Sep; 14(5);267-73）
- Proprioception and Coordination
  （Emin Ergen, Bülent Ulkar ／ Clin Sports Med. 2007 237-255）
- The effect of strength and flexibility training on skeletal muscle electromyographic activity, stiffness, and viscoelastic stress relaxation response.
  （Klinge, K., Magnusson, S.P., Simonsen, E.B., Aagaard, P., Klausen, K. & Kjaer, M. ／ The American Journal of Sports Medicine, 1997 25(5), 710-716. ）
- Stretching exercises: effect on passive extensibility and stiffness in short hamstrings of healthy subjects.
  （Halbertsma, J.P. & Goeken, L.N. ／ Archives of physical medicine and rehabilitation, 1994 75(9), 976-81.）
- Stretching exercises: effect on passive extensibility and stiffness in short hamstrings of healthy subjects.
  Halbertsma, J.P. & Goeken, L.N. ／ Archives of physical medicine and rehabilitation, 1994 75(9), 976-81.
- 『人体 600 万年史　科学が明かす進化・健康・疾病』（ダニエル・E・リーバーマン／早川書房）
- 『新しい呼吸の教科書　最新理論とエクササイズ』（森本貴義、近藤拓人／ワニ・プラス）
- 『間違いだらけ!日本人のストレッチ』（森本貴義／ワニブックス PLUS 新書）

6章

実践編エクササイズ

上半身の回旋エクササイズ

**主に肩の関節をあらゆる方向にていねいに
動かしながら現在の可動域をチェックします**

exercise 1 肩関節周辺のエクササイズ

まず42～43ページを参照して両足でバランスよく立ってください。このエクササイズに限らず、スタートポジションはないがしろにせず、直立の場合であれば、両足の裏全体に均等に体重をかけることを意識しましょう。骨盤や肩の傾きなどがないかどうか、毎回エクササイズを始める前に鏡の前でチェックすることをおすすめします。室内ならば裸足、または靴底がフラットなもので。

このQRコードをスマートフォンで読み取ると、このエクササイズの動画が見られます。

3 腕をしっかり伸ばし、親指が上の状態のまま腕を耳の横まで持っていく

2 片腕を指先までまっすぐに伸ばしたままゆっくりと上げていく

1 両足裏に均等に体重をかけまっすぐに立つ

POINT

- 回旋させる腕はできる限り体側に近い位置を保つ
- 指先が最大の円を描くイメージで行う
- 上半身をねじったり頭を傾けないよう注意

壁を基準に使う方法

このエクササイズは腕を体側から離さずに行うこと、つまり体の中心を通る「矢状面」にもっとも近い場所で回旋させることが大きなポイント。慣れないうちはできるだけ壁に近寄って立ち、壁側の腕を伸ばしたまま、手が壁に触れないようにしながら回旋させてください。腕を曲げないと1周できない場合は、壁から少し離れてやってみましょう。

4 極力腕が体から離れないようにしたままさらに後方に引き、ギリギリの位置（閾値）まで来たら手首を返す（親指が下になる）

5 腕を体から離さないようにしつつ、そのまま下げていく

6 もとの位置に戻ったら、反対側も同じように行う

exercise 2 肩関節周辺のエクササイズ

直立して片腕を床と水平に横に伸ばし、肩の関節を回旋させるエクササイズです。注意するべき点は、できる限り肘や手首、指をひねらないようにすること。肘を回せば(回内・回外)比較的簡単に手のひらを写真と同じ向きにすることはできますが、それでは肩関節のエクササイズになりません。しっかりと肩に意識を集中してていねいに行うことが大事です。肩の回旋によって腕から指先全体が回旋するようにします。下ろした手のこぶしを握り、身体をしっかりと安定させて、1から4をゆっくりと3～5回行い、両肩ともに行ってください。

1 腕を指先までしっかりと伸ばし水平に上げる。親指が上になる位置がスタート地点

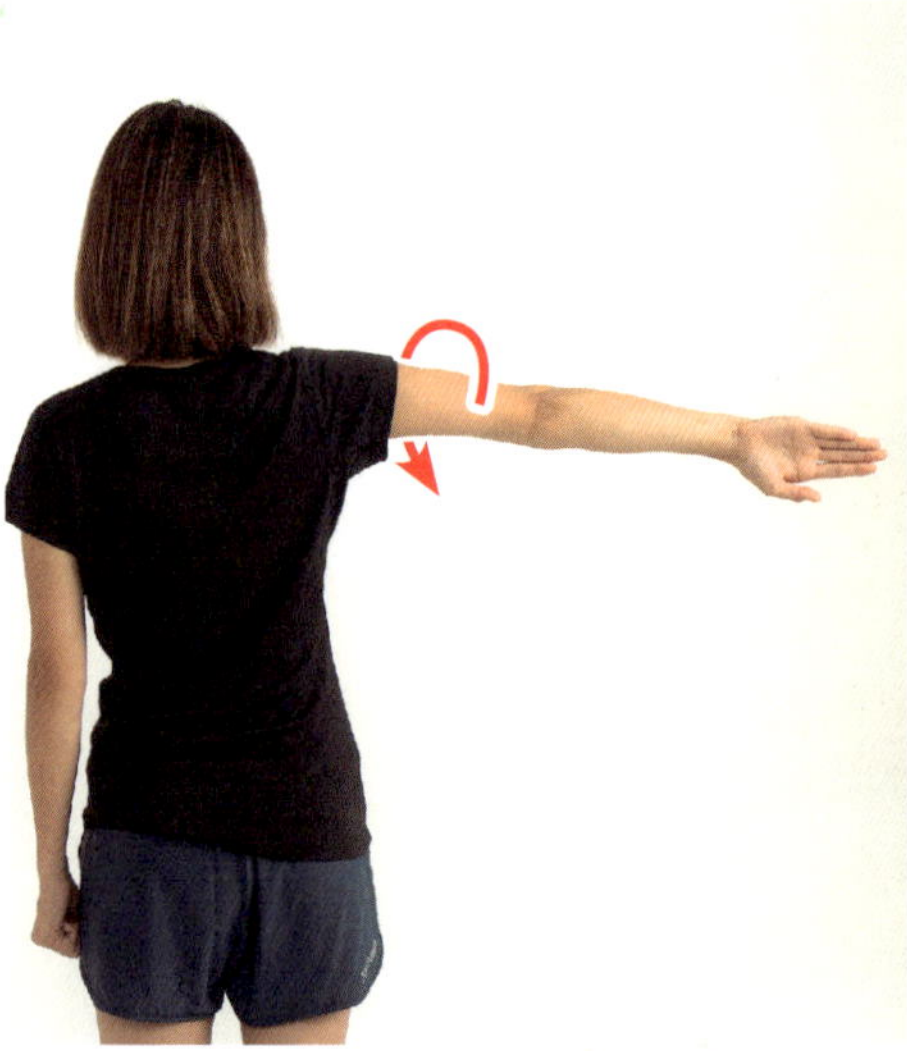

2 ゆっくりと肩を前方向、親指が下を向いていくように回旋させ、ギリギリまでいったら1の位置に戻っていく

POINT

- こぶしをしっかり握り、首、頭も安定させる
- 肘、手首で手のひらを返そうとしないように注意
- 指先は常にまっすぐに伸ばし、そろえておく

3 肩を反対向きに回旋させて手のひらが上を向いたらそのまま回旋を続け…

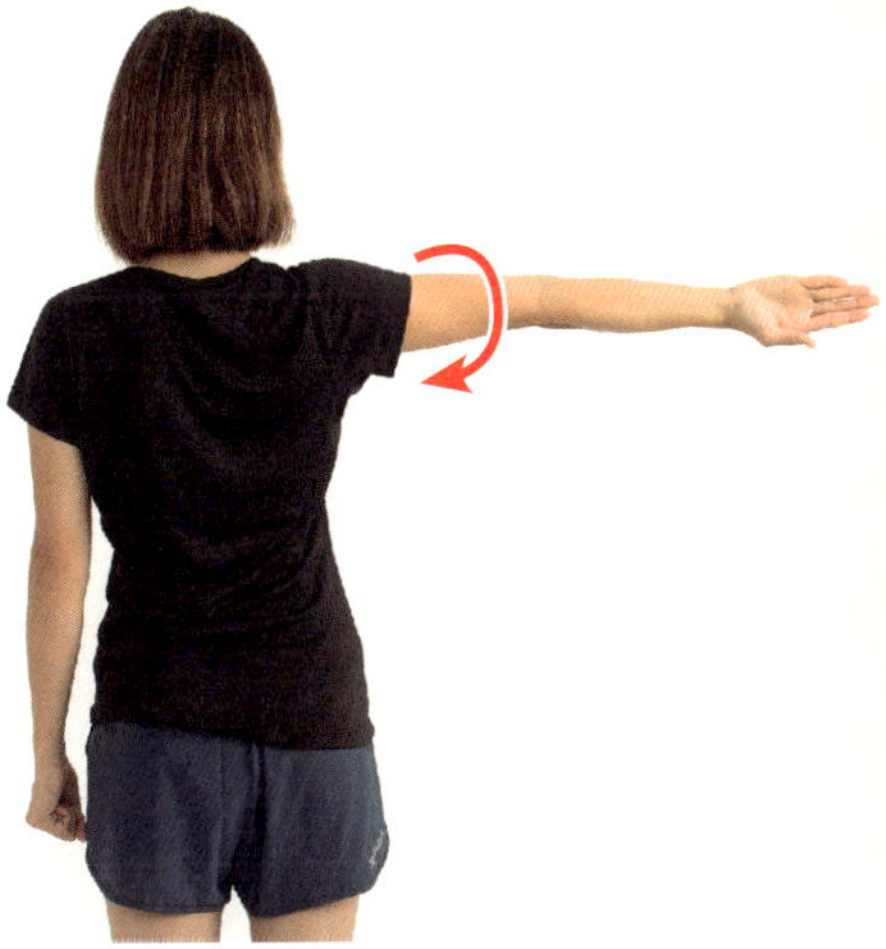

4 小指が上になり、限界までいったらゆっくりと**1**に戻る

exercise 3 肩甲骨のエクササイズ

肩をゆっくりと後ろ方向、前方向に回旋させて円を描くエクササイズです。動かす肩と反対の腕はまっすぐ下に伸ばし、こぶしを握って体幹を安定させ、肩以外が極力動かないようにして行ってください。動かす肩の側の腕も伸ばして下げ、肩の動きにともなって動くようにしましょう。エクササイズは、前方向・後ろ方向、ゆっくりと3～5回ずつ、左右ともに行います。

肩甲骨と上腕骨は連携しており、通常腕を上げれば(外転)すれば肩甲骨も同時に動きます。これを肩甲上腕リズムと言いますが、このエクササイズは上腕を動かさず、肩甲骨を動かすエクササイズです。

3 肩峰を上げていくときも、首が肩のほうに傾いたり、首をすくめないように注意を

2 前から後ろ方向に向かい、肩峰(★印)で、できるだけ大きな円を描くように動き出します

1 まっすぐに立ち、肩関節の位置を意識します

POINT

- 下ろした手のこぶしを握り、身体を安定させて行う
- 首、反対の肩が動かないようにとくに注意
- 速く動かす必要はないが、なめらかに動かせることが目標

6 1周して元の位置に戻ります。片側3〜5回ずつ、両肩ともに行いましょう

5 後ろを通ってできるだけ下まで回します

4 ゆっくりと後方にも回します

exercise 4 肩甲骨のエクササイズ

前ページのエクササイズ同様、肩甲骨のエクササイズですが、これは腕を身体の前方に上げて保ったまま行います。上げた腕をなるべく動かさないよう同じ位置に保ち、意識を肩に集中して動かしてください。上げた手が自分の目で見えるので、腕を同じ位置でキープしやすいと思います。下げた腕はこぶしを握って、体幹はしっかりと安定させましょう。円を描くような気持ちで、じっくり、ゆっくりと動かしてください。左右3～5回行います。

1 直立して腕を前方斜めに上げて保つ

2 肩だけをやや下げて回旋を始める

3 もっとも下がった位置から肩を引きながら上方向に回旋を続ける

POINT

- 肩甲骨のみを動かすことに意識を集中する
- 肩峰でできるだけ大きな円を描くイメージで行う
- 上げた手は終始同じ位置を保つよう注意する

6 元の位置に戻る

5 もっとも前の位置に来たら下げていく

4 高い位置に来たら前方向に回旋を続ける

exercise 5 肘関節のエクササイズ

肩を動かさず肘の関節だけにアプローチするエクササイズです。直立し片手を肘からゆっっくりと曲げていきます。肩はもちろん、肘の位置も動かさずに、ていねいに行ってください。肘の動き（回内・回外）によって手首が返ります。ゆっくりと、なめらかに動かし、**1**～**6**を行い、**6**～**1**に戻って1セット。これを3～5回ずつ左右とも行ってください。

1 両手を下ろしてまっすぐに立ち、片手の指を伸ばす。下ろした手のこぶしは握る

2 肘の位置で腕を曲げ肘から先をゆっくり上げていく。小指が肩に近づいていくイメージで行う

3 上まで来たら肘の関節をゆっくり回内させて手のひらを返す

POINT

- 肘、肩の位置を動かさないこと
- 指先は真っすぐ伸ばしそろえておく
- 手のひらを返すときは中指ではなく小指を軸にする

4 そのままゆっくりと下ろしていく

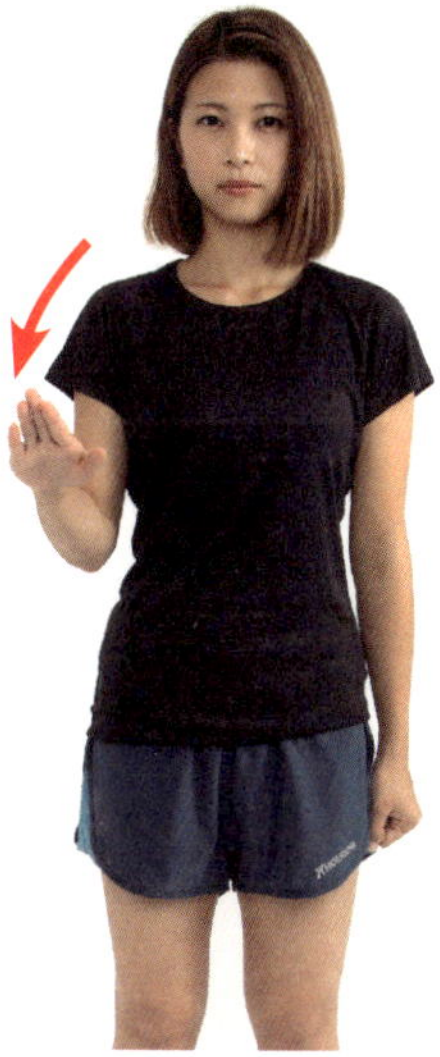

5 さらに下まで下ろし…

6 下ろしきったら、5→4→3→2→1と、動きをさかのぼる

exercise 6 手首のエクササイズ

肘の関節をしっかりと固定し、身体も安定させて手首だけを回旋させます。指をそろえてしっかり伸ばし、指の先で手首を中心に円を描くように行います。肘、手首の高さを保ったまま行い、日常あまり使っていない範囲まで慎重にしっかりと動かしてください。床と平行にした手首と肘の間に携帯電話などを置いてやってみるのもおすすめです。

携帯を落とさないように注意することで、肩と肘の動きが抑えられるようになります。1～6を行い、6～1に戻って1セット。これを3～5回ずつ左右とも行ってください。

1 まっすぐに立ち、身体を安定させてから片手を肘から90度近くまで曲げ、手首を立てるように曲がるところまで曲げる

2 手首の角度を保ったまま、身体の内側の方向に回旋し始める

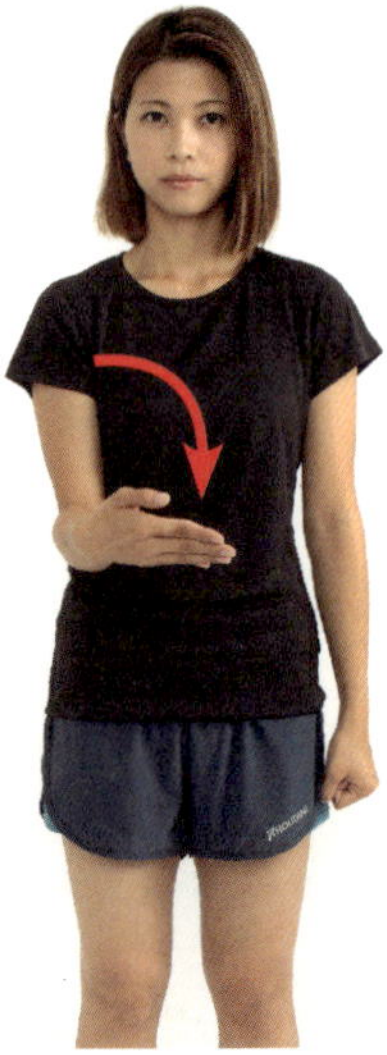

3 そのままの角度で回旋できるところまで来たら…

POINT

- 肩、肘、手首の位置が動かないようにする
- 指先で円を描くようにゆっくりと止めずに行う

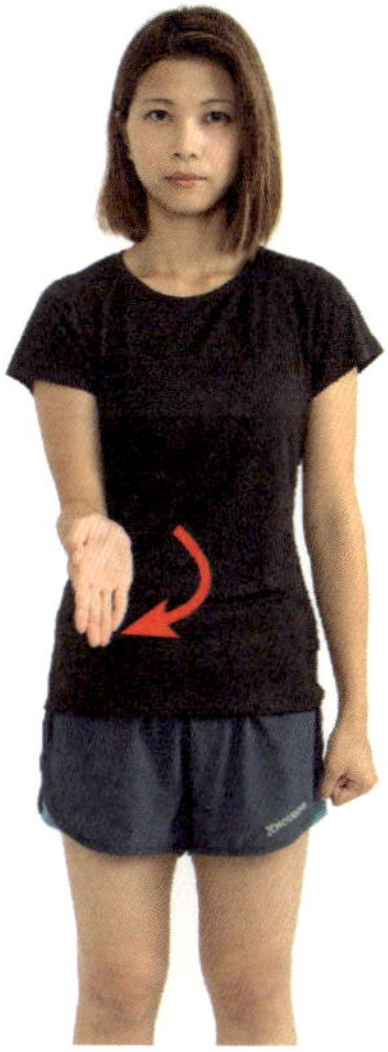

4 手首を反対側にできるところまで折り曲げる

5 そのままの角度で回転を続け…

6 上まで来たら手首を返し5→4→3→2→1と、動きをさかのぼる。

上半身のリフトアップエクササイズ

回旋エクササイズで、関節が痛みのない範囲で動くかをチェックし、
動きがスムーズにできるようになってきてから行います。
リフトアップは現在の可動域を広げるためのエクササイズです

exercise 7 肩甲骨のエクササイズ

うつ伏せになり両肩、両肘を上げてしっかり肩関節に負荷をかけるトレーニングです。肘が曲がり手のひらで空気をかくような動きになりがちですが、アプローチしているのは肩関節であることをしっかり意識して行うことが重要です。額はマットにつけたまま、腕と肩以外が動かないようテンションをかけてゆっくりと動きます。体力に応じて３～５回行います。１セット(**1**～**16**)を15秒程度かけてゆっくりと行ってください。

POINT

- 反動、勢いをつけずゆっくりとていねいに動かす
- 体幹部、下半身をしっかりと安定させて行う
- 額をマットから離さない

1 うつ伏せになり額をマットにつけ
両手を首の後ろで重ねる

2 両肘だけを床からできるだけ高く上げ、
1～2秒静止

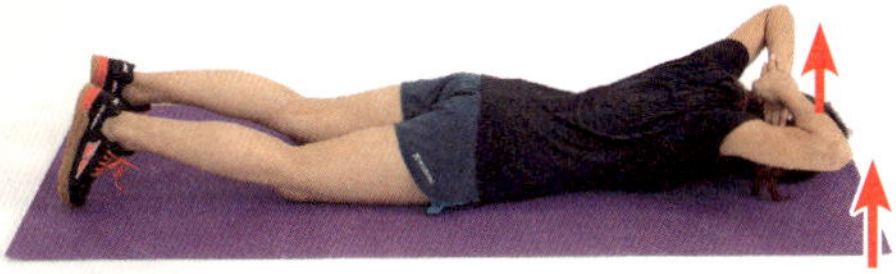

3 肘の高さを保ったまま肘を伸ばす

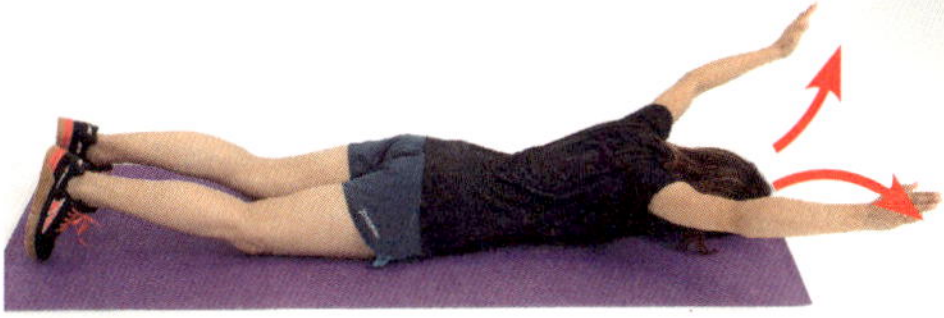

4 伸ばした腕を徐々に開いていく

5 真横に来たあたりで手首を返し…

6 腕をさらに下げていく

7 両手を徐々に近づけて…

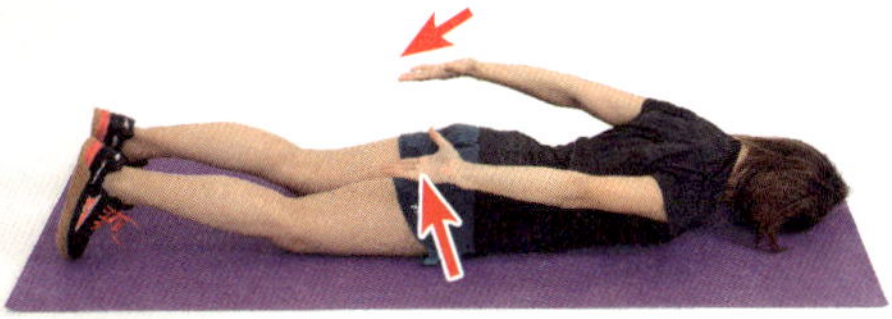

8 肘を高く上げたまま折り曲げて、
腰の上で両手を重ねる

⬅次のページに続く

9 肩を上げたままの状態を保ったまま…

10 肘を伸ばし、両手を徐々に開き…

11 両手が身体の真横に来たあたりで…

12 上腕骨を外旋して手首を返し…

13 そのまま頭の上方向に上げていく

14 両手を近づけていき…

15 肘の高さをキープしたまま曲げて
頭の上で両手を重ね…

16 両手を首の後ろに下ろす

exercise 8 手首のエクササイズ

一見どの関節のエクササイズなのかわかりにくいかもしれませんが、これは両手首の関節にしっかりとアプローチするものです。四つ這いになって手首を約90度に曲げ、そのままの角度をしっかりキープしたまま、腰を落としていきます。約５秒キープして関節に負荷をかけ、ゆっくりと戻ってください。痛みのない範囲で、３～５回行います。

1 四つ這いになって両手をマットにつく

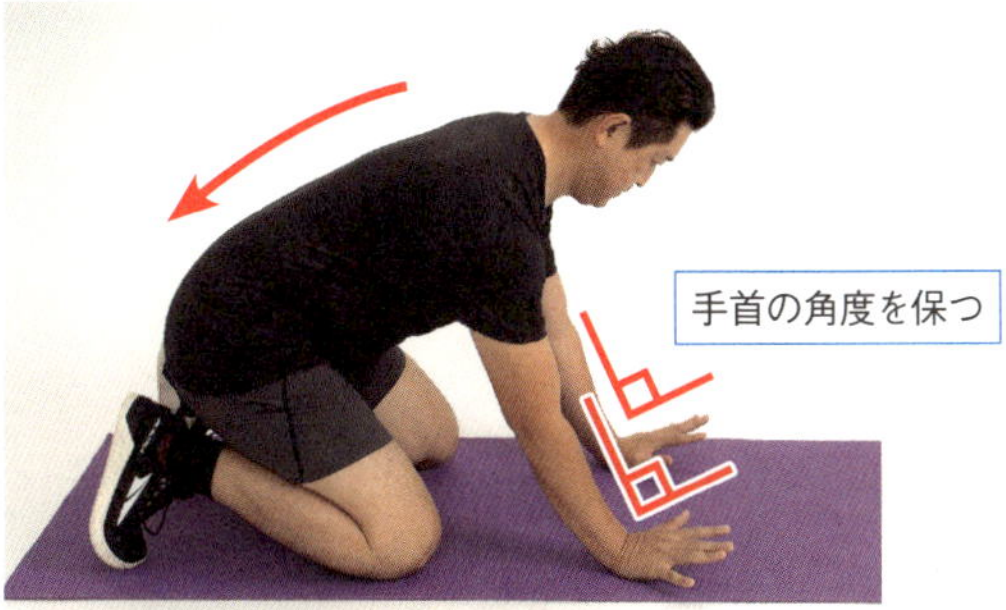

2 手首の角度を保ったまま腰を引き、約５秒キープ後ゆっくりもとに戻る

POINT

- 手首の角度を変えずに行う
- 約５秒キープする

exercise 9 肩甲骨のエクササイズ

これは84~86ページのバリエーションの一つ。7ではうつ伏せ・両腕で行ったものを、四つ這い・片手で行います。腕の動きは7と同じですが、マットへの接地面がここでは両膝、つま先、片手の「点」となったぶん、身体のバランスを保つことが難しくなります。1セット(1~12)を15秒程度かけて行うようにしてください。体力・筋力などに応じて左右とも3~5回ずつ行います。

1 マットに四つ這いになり、片手を首の後ろに置き、肘をなるべく高く上げて1~2秒静止

2 腕をまっすぐに伸ばしていく

POINT

- 体が傾かないようしっかりバランスをとる
- 反動や勢いをつけず、ゆっくりとていねいに行う

3 伸ばした腕を徐々に広げ…

4 体の真横あたりまで持ってきたら…

⬅次のページに続く

5 手首を返す（手のひらを上に向ける）

6 肘を高く上げたままゆっくりと曲げて
手を腰の上に持ってくる

7 手を腰の上に置く

8 肘を伸ばしながら腰の上から離し…

9 腕が身体の真横まで来たら…

10 手のひらを返して（手のひらを下に向ける）、頭上の方向に持っていく

11 肘を高く上げたままゆっくりと曲げて手を頭に近づけ…

12 首の後ろに戻し、肘を下ろす

下半身の回旋エクササイズ

**主に股関節をあらゆる方向にていねいに
動かしながら現在の可動範囲をチェックします**

exercise 1 股関節のエクササイズ

関節の動きは、このあとの2と7のエクササイズと基本的には同じもので、股関節のさまざまな方向への可動域を広げるためのものです。くわしく言えば、内転、外転、内旋、伸展の動きです。難易度は、横たわって行うこのエクササイズ、四つ這いで行う2、立って行う7の順に上がります。股関節に意識をもっとも集中させやすいこのエクササイズから取り組んでください。写真では身体が胸側や背中側に倒れないよう、片手で床を支えて行っていますが、できる方は支えずに行ってもかまいません。動きをコントロールしてゆっくり左右とも3～5回ずつ行います。痛みの出ない範囲で無理をせず行ってください。少しずつ可動域が広がり、痛みを感じなくなっていきます。

1 腕を枕にしてマットに横たわり、片手をマットについて身体をしっかり安定させる。上半身はこのままいっさい動かさない

2 上になっている脚を床に下ろして曲げていく

3 床をするようにして膝をゆっくりと曲げていき…

4 膝をできるだけ深く曲げ、胸に引きつけて、1～2秒静止

POINT

- マットに腕をつき、上半身をしっかり安定させる
- ポイント（4、7、8、10）ごとに1～2秒静止する

5 できるところまで引きつけたら、骨盤が傾かないように気をつけて膝を床から上げる

6 膝を天井方向に上げていく

7 膝がこれ以上上がらないところまできたら1～2秒静止

8 大腿骨を内旋させ、かかとを天井方向にできる限り高く上げて1～2秒静止（ハードルの後ろ脚の動きのイメージ）

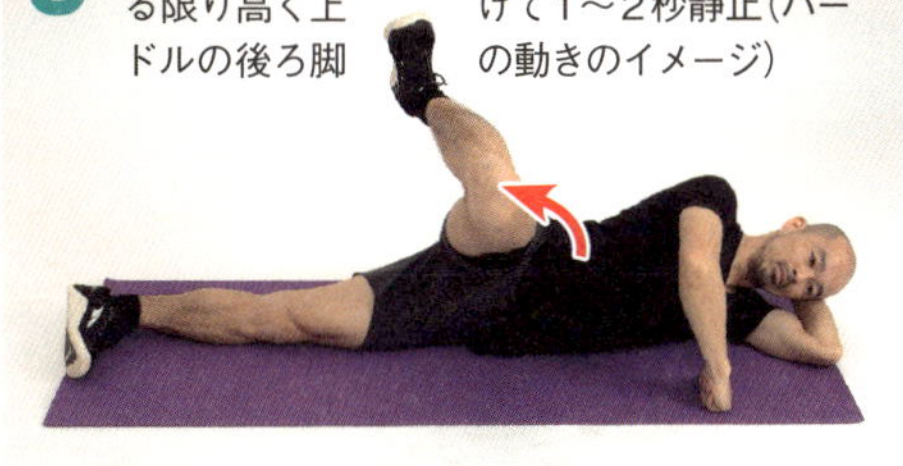

9 かかとを後方（背中側）に向け…

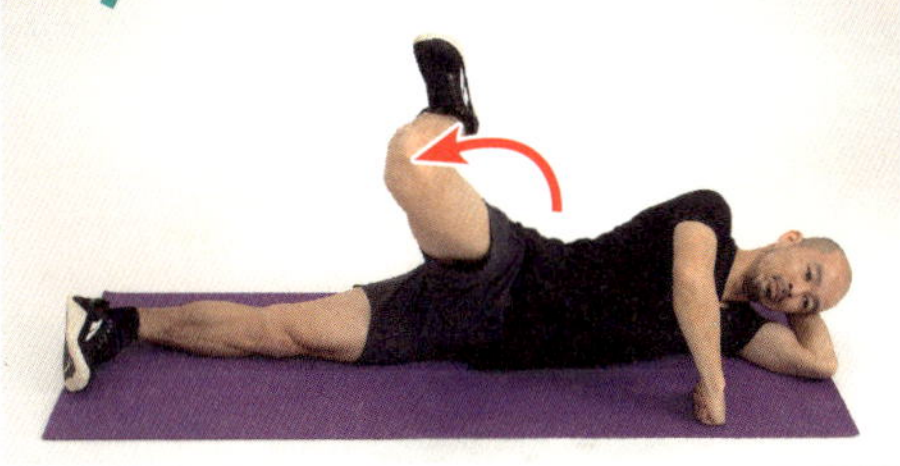

10 限界までいったら1～2秒静止

11 膝をゆっくりと反対の脚の上に下ろして…

12 元の位置に戻る

exercise 2 股関節のエクササイズ

股関節は前ページ1と同じ動きですが、体を点で支持するため難易度は上がります。これも1と同様、痛みが出ない範囲で行ってください。最初は、膝を高く上げすぎず、できる高さから始めればOKです。大切なのは動きのコントロール。大きく動かせなくても、1から8まで、途中で上げた足を床につけずにゆっくりと行うことが大切です。左右3～5回ずつ行います。

1 両手、両膝、つま先を床について四つ這いになる

2 片膝を上げる

3 膝をできるだけ胸のほうに引きつけて1～2秒静止

4 骨盤を傾けないように十分注意して、膝を外側に向けて動き出す

5 膝をできるだけ高く上げ1～2秒静止

6 膝の高さをキープしたまま、かかとを天井に向けて上げ（静止1～2秒）、そのまま後方にできるだけ移動させる（静止1～2秒）

7 ゆっくりと下げて…

8 もとの位置に戻る

POINT

- 骨盤が傾かないように注意
- 3、5、および6のポイントで静止する

体が安定せず傾いてしまう場合には、サポートに壁を利用してください。壁際ギリギリに四つ這いになって行うと、上げた足を動かしやすくなります。

exercise 3 股関節のエクササイズ

正座の姿勢からごくゆっくりと両膝をそろえたまま体重移動をすることによって、股関節は片側が外旋、片側は内旋します。股関節にかなり体重がかかるので、痛みが出る場合にはほかのエクササイズから試しましょう。胴体を側屈させてバランスをとる必要があります。両手のこぶしをしっかり握ることで、上半身を安定させやすくなります。右、左、交互で1セットを3～5回行ってください。

1 こぶしを握って正座する

POINT

- 上半身を安定させ、できるだけ前傾しないように
- 頭の位置があまり左右にブレないよう注意

2 膝をそろえたままお尻を片側に少しずつずらし、限界までコントロールする

3 ゆっくりともとの姿勢に戻る

exercise 4 股関節のエクササイズ

かかとをつけてしゃがんだ姿勢から、股関節の内旋、外旋を行います。かかとをつけてしゃがむフルスクワットの姿勢がとれない場合は、かかとを浮かした状態から始めてもかまいません。このエクササイズによって足首の関節にも負荷がかかるので、続けるうちにだんだんかかとがつくようになっていきます。

身体をなるべく前傾させずに、正面を向いたままで行いましょう。左右１回ずつ１セットを３～５回行ってください。

1 フルスクワットの姿勢をとり、こぶしを握って上体を安定させる

2 体を正面に向けたまま片側の膝を内側に入れるように動かしていく

POINT

- 上体を前傾させない
- 肩、腰を極力ひねらない

3 床に膝がつくまで動かし…

4 ゆっくりともとに戻る

exercise 5 股関節のエクササイズ

54ページで紹介したポジションから伸ばした足の側の股関節をさらに内旋・外旋させるエクササイズです。写真だとつま先しか動いていないように見えてしまいますが、動かしているのは、足首や膝ではなく股関節です。足の付け根から足先までしっかりとテンションをかけて一本の棒のように保ち、その棒をゆっくり前後に転がすようなイメージです。とくにこうしたエクササイズは他のストレッチと違い「リラックスした自然体」ではできません。緊張しすぎない程度に身体に力を入れて安定させ、直接「動かしている1点」この場合は股関節のみを動かすよう、脳からの指令を伝えようとしてください。

1
股関節・膝・かかとを
まっすぐに保つ
両手はしっかり握り、膝、足首にも
テンションをかけて安定させる

2
脚全体を回旋させる
股関節に意識を持っていき、
脚の付け根から内側に内旋させる

POINT

- 足首は動かさず、脚の付け根から脚全体を転がすようにする
- 上半身、伸ばした脚、すべてしっかりとテンションをかけて行う

3

ギリギリまでいったら…

4

ゆっくり戻す

5

そのまま外旋させてから…

6

ゆっくりともとに戻す。左右3～5回ずつ行う

exercise 6 股関節のエクササイズ

連続した動きをコントロールしながら行い、股関節にアプローチします。姿勢が変わっていくにしたがって、股関節がさまざまな方向に動きます。その動きをしっかりと意識してゆっくりと行いましょう。動きがわかりにくい場合には動画で確認してください。関節に痛みが出た場合は無理せず中止してほかのエクササイズを行ってください。左右3～5回ずつ行います。

1 身体を安定させて伸脚する

2 両手を床につき、伸ばした足の接地点を軸にするようにして、ゆっくりと体を右に回旋させる

このQRコードをスマートフォンで読み取ると、このエクササイズの動画が見られます。

POINT

- とにかくゆっくり行う
- 関節がさまざまな方向・角度に動くことを意識する

3 胸が膝の上を通り…

4 さらに回旋し…

5 さらに回旋し足首を返す

6 右足の股関節が深く曲がり、これ以上回旋できないところまでいく

7 ゆっくりと戻り始める

8 両手をフロアについて支持しながら身体を戻し…

9 胸が膝の上を通過して…

10 もとの位置に戻る

exercise 7 股関節のエクササイズ

1と2と同じ動きを立って行うエクササイズです。片脚で立つため、身体を安定させるのが非常に難しくなります。1、2を先に行ったほうがいいでしょう。こちらを先に行う場合は、最初はあまり膝を高く上げずに行ってください。途中で足をつかずに1周できる範囲から、少しずつ膝を高く上げるといいでしょう。「膝で円を描くように」とも表現されることがある動きですが、膝の動きを意識しすぎると股関節のエクササイズになりません。膝は股関節の動きにともなって動く、と考えて、股関節自体の動きをしっかり意識してください。

このQRコードをスマートフォンで読み取ると、このエクササイズの動画が見られます。

POINT

- 最初は小さな動きから、股関節をしっかり意識する
- 体幹をしっかりと安定させて行う
- 脚を下ろさず、しかもできるだけゆっくり行う

1 こぶしを握り身体を安定させて立つ

2 片膝を上げられるところまで上げて1〜2秒静止

3 膝を高く保ったまま後方に円を描くように動き出す

4 膝をできるだけ横に移動して1～2秒静止

5 大腿骨を内旋してかかとを後方で上げていき1～2秒静止、かかとを上に向け1～2秒静止

6 ゆっくりと膝を下げていき…

7 膝を伸ばし…

8 もとの位置に戻る。左右3～5回ずつ行う

転倒の危険もあるので、壁などで体を軽く支えて行うと安心してスムーズに行えます。

exercise 8 膝関節のエクササイズ

これは足首のエクササイズではなく膝関節のエクササイズです。片膝を立ててかかとを床につけ、太ももが左右に倒れないよう軽く両手で支えてください。脛《すね》から足首はその角度を維持したままです。膝よりもつま先が外にはずれないように注意して、膝関節を内外旋させます。写真に★印がある「脛骨粗面」だけを動かすことが大切です。大きな動きではないので、膝関節の回旋に意識を持っていくことが、最初は難しいと思いますが、ゆっくりとていねいに行いましょう。左右とも３～５回ずつ行ってください。

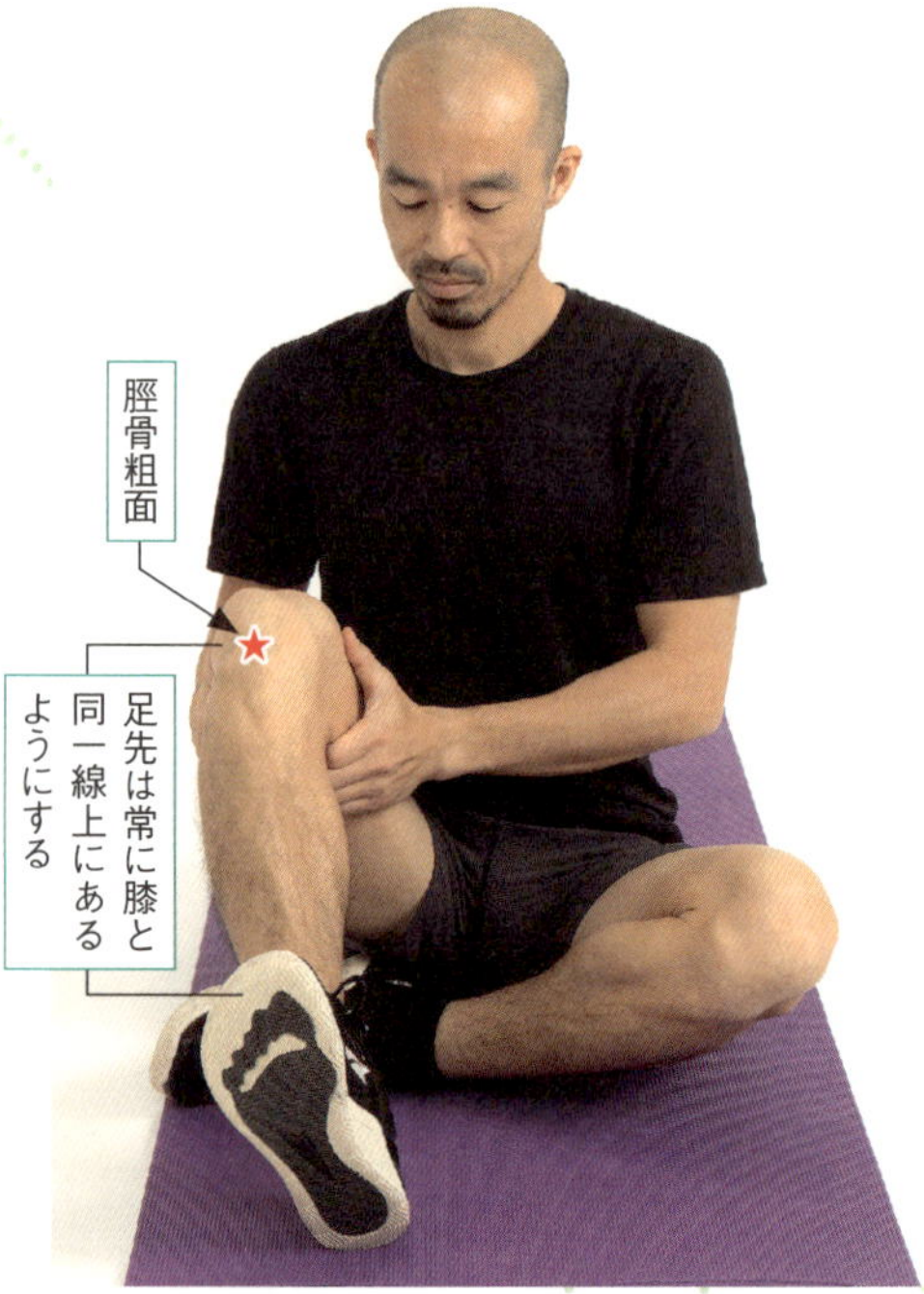
脛骨粗面
足先は常に膝と同一線上にあるようにする

1 片膝を立てかかとをついて姿勢を安定させる

POINT

- 膝の位置をできるだけ変えず、膝から下（脛部）だけ動かす
- 足首だけを動かしてしまわないよう注意
- ゆっくりと慎重に、膝関節に意識を集中する

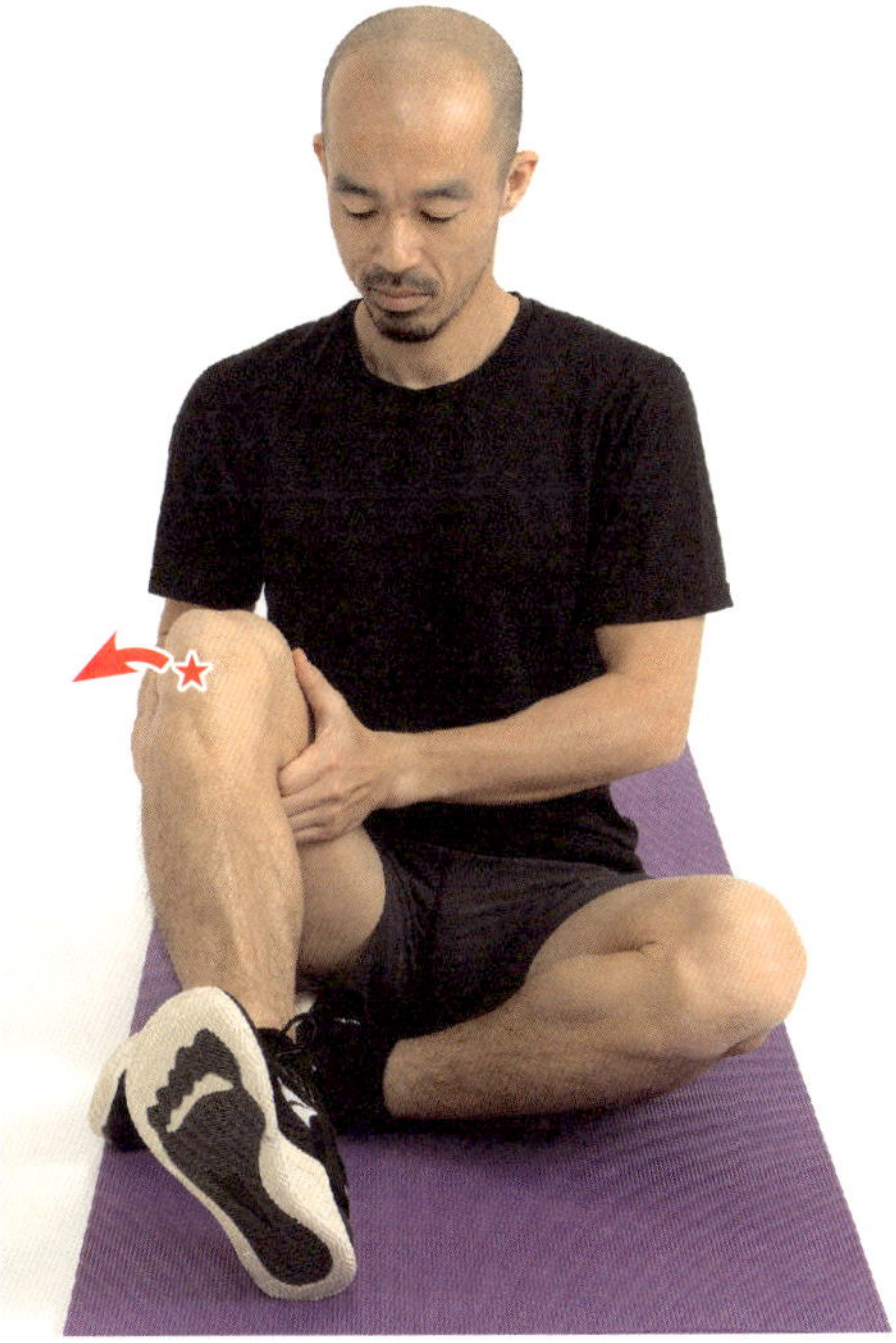

2 ごくゆっくりと膝関節を外旋の方向に力を加える

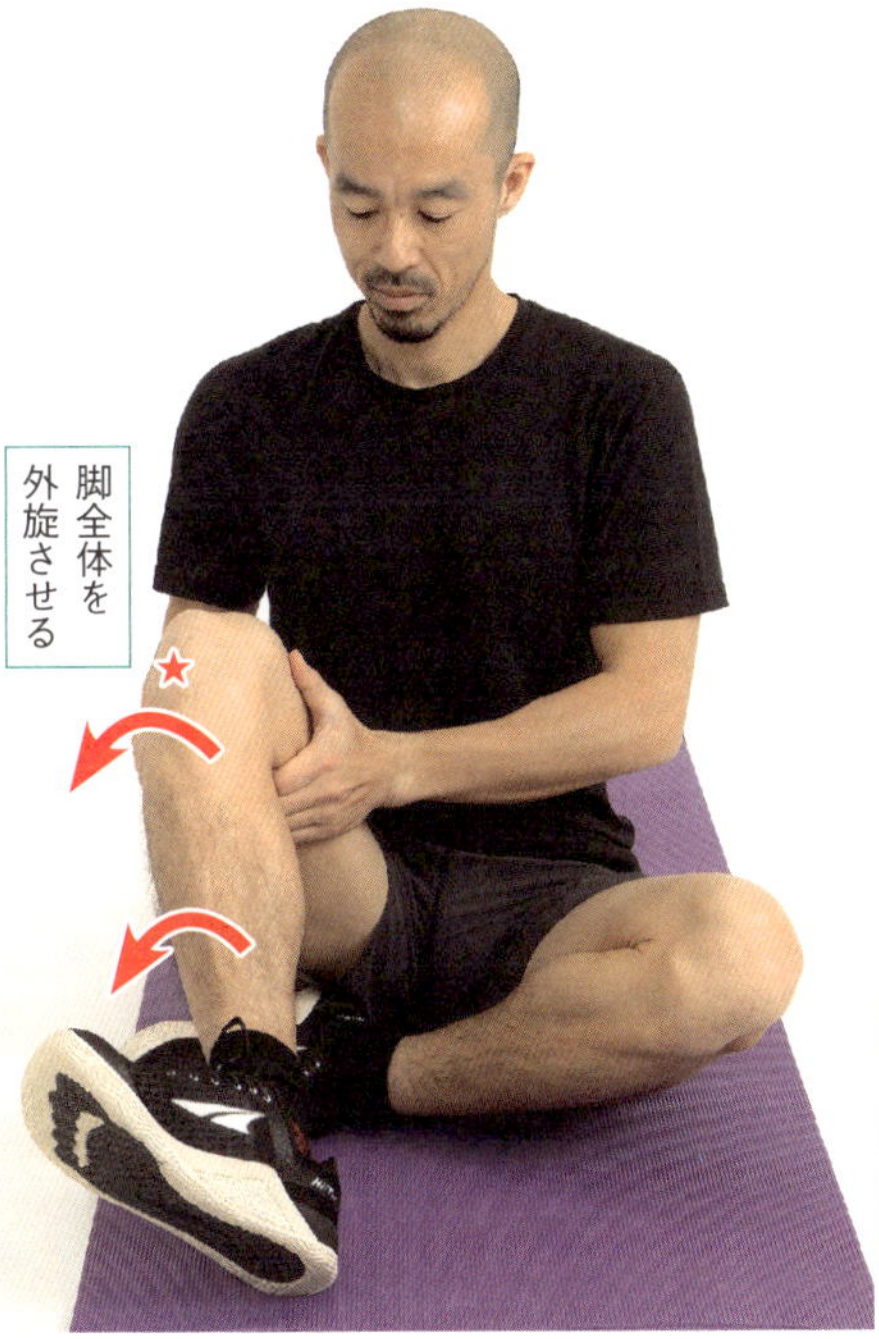

3 足首が膝より外にはずれないように注意して外旋させたら、ゆっくりと1の姿勢に戻る

exercise 9 足首のエクササイズ

足首の関節エクササイズです。腰を落として膝を固定した姿勢で、足首だけに意識を集中して回旋エクササイズを行います。かかとを浮かした状態でつま先で大きな円を描くイメージで、両足とも、右回り・左回り、それぞれ3～5回ずつていねいに。どこかに引っかかる感じがないか、痛みがないか、などをチェックしながら痛みの出ないギリギリの範囲でしっかりと大きく回旋させてください。

1

片膝を立てて座り、足首の甲の側は伸ばした状態で上半身を安定させる

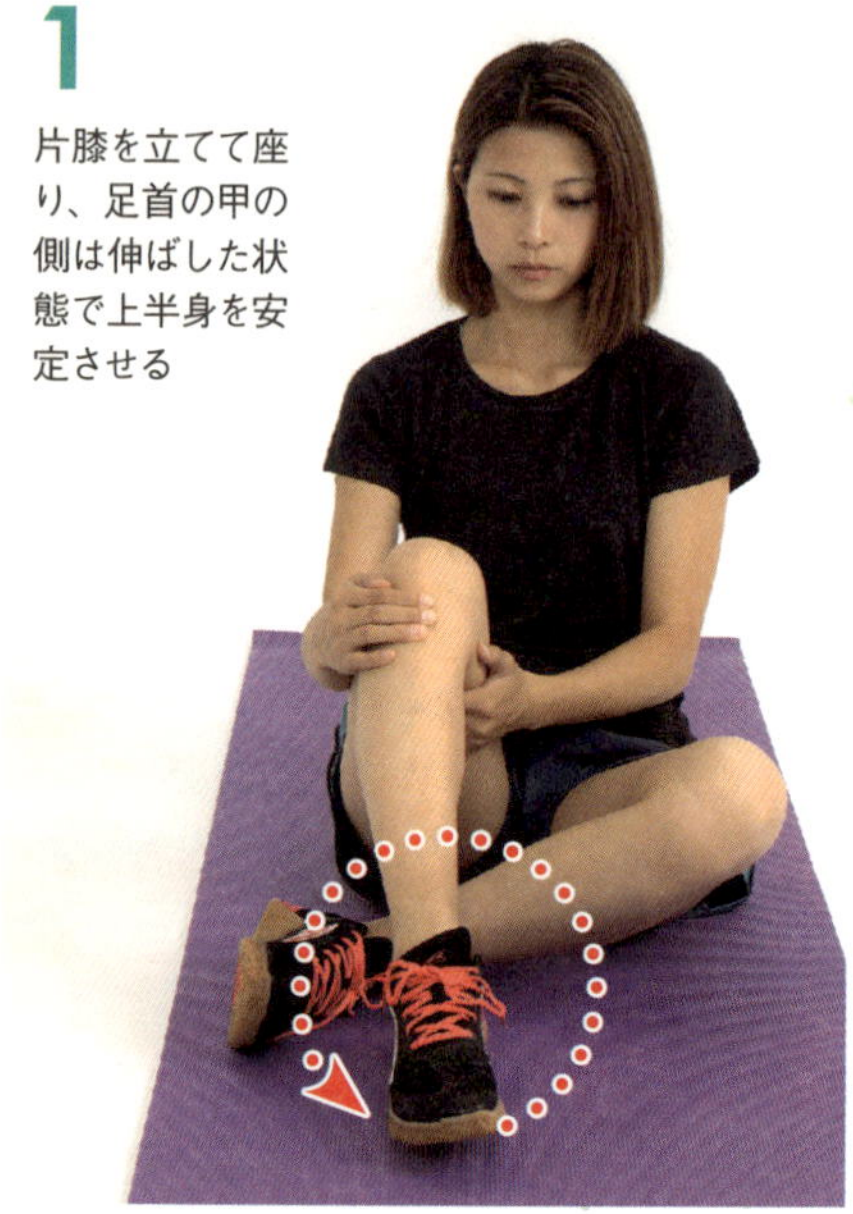

POINT

- 膝を動かさないように注意する
- できる限り大きな円をゆっくり描く
- 右回り、左回りともに行う

2

かかとをマットから浮かし、かかとの位置は動かさないようにしつつ、足首を内側から外側に回旋を始める

3

つま先で円を描くようにもっとも上の位置を通過し…

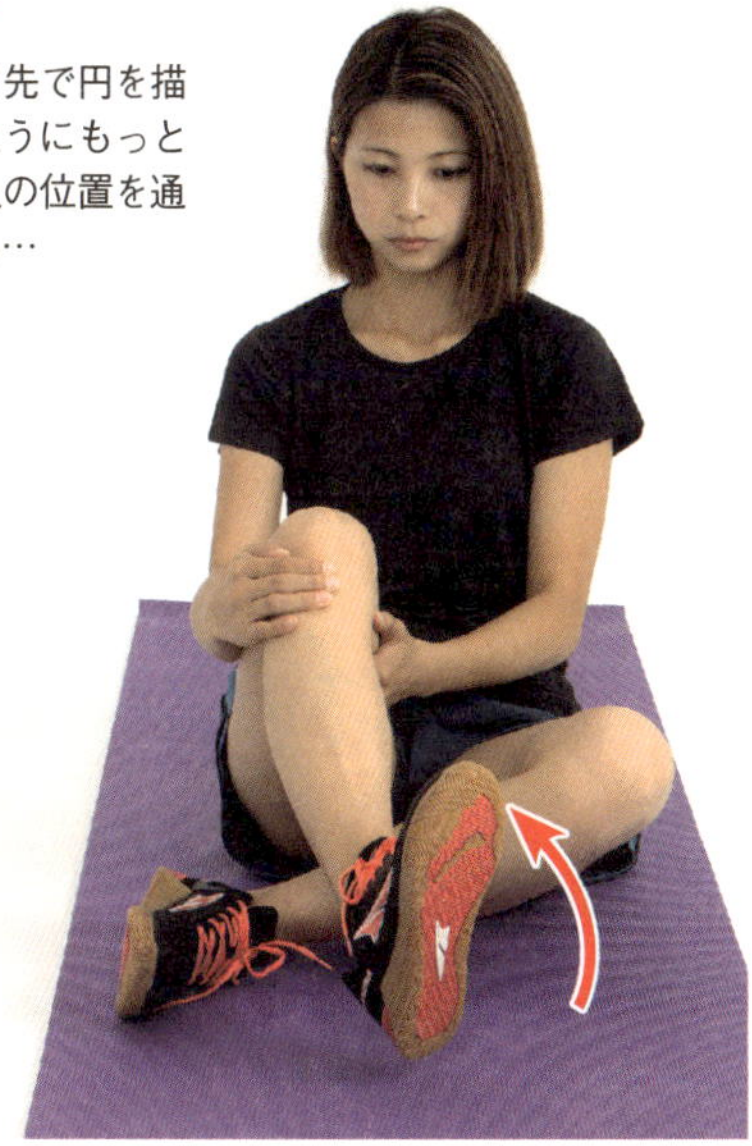

4

もっとも遠い位置を通って…

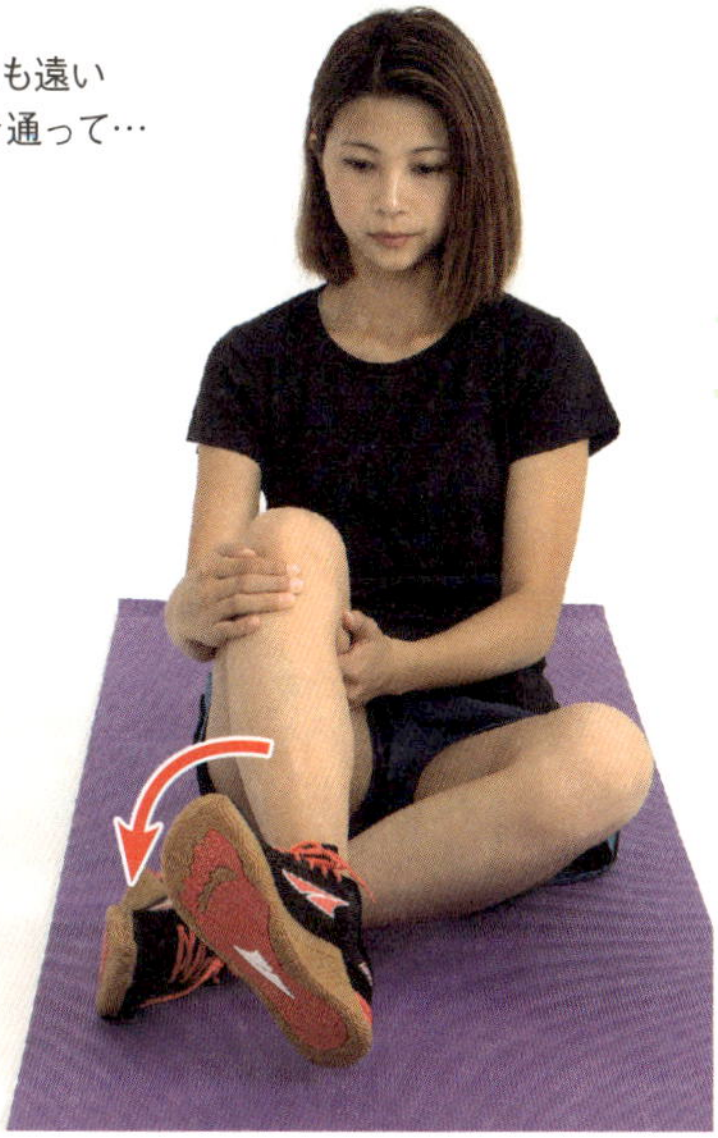

5

もとの位置に戻り、逆回旋も同じように行う

下半身のリフトアップエクササイズ

**主に股関節の可動域を今以上に広げるためのエクササイズです。
関節にアプローチして負荷を与えます**

exercise 10 股関節のエクササイズ

ここからは回旋エクササイズよりも難易度が上がります。筋力が必要なものもあり、まったくできないというものもあると思いますが、できるものだけを少しずつやっていけばそれでかまいません。このエクササイズも膝を上げてキープすることは、誰にでもすぐできる、というものではありません。なるべく高く脚をマットから上げた状態で約３～５秒キープできればベストですが、１秒からでもOKです。上がらなくても、上げようとするだけでも十分効果はあります。目的は脚を高く上げることではなく、関節に負荷を与えることですから、できる範囲でトライしてください。左右３～５回ずつ行えるようにしましょう。

1 うつ伏せになり片膝を90度に曲げる

POINT

- できる高さ、時間で行う
- 上がらなくても反動、勢いをつけない
- 骨盤を動かして脚を上げても意味なし

2 曲げた脚全体を大腿部からできるだけ高く
持ち上げて3～5秒キープして下ろす

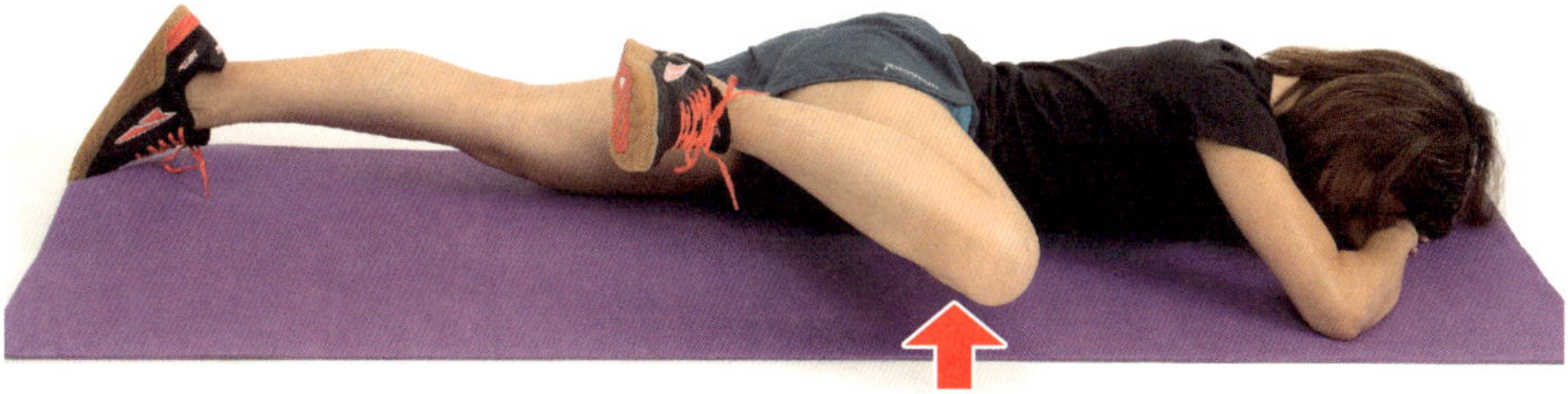

exercise 11 股関節のエクササイズ

片膝をたたみ、片脚を伸ばしてうつ伏せの姿勢になってから、伸ばした脚を上げるエクササイズです。骨盤を傾けて脚を高く上げようとしてはいけません。膝もまっすぐに保ち、股関節だけにアプローチする意識を持って、最初はマットから少しの高さでもかまわないので、ゆっくりと上げてください。この姿勢を３～５秒保ち、左右３～５回ずつ行ってください。

1 片脚はしっかりと伸ばし、片膝をたたんでうつ伏せになる

POINT

- 骨盤を傾けて脚を上げようとしない
- できる高さ、時間から行う

2 伸ばした脚をマットから上げ、
3〜5秒キープして戻る

exercise 12 股関節のエクササイズ

四つ這いで片脚を伸ばして開いた（外転）状態を保ってさらに外転を加えるエクササイズです。背中・腰は床と平行を保ったままで、脚の付け根から上がるだけ上げてください。骨盤を傾ければ脚は高く上がりますが、股関節へのアプローチにはならないので注意を。３～５秒キープし、左右３～５回ずつ行ってください。

1 四つ這いになり片脚を横に伸ばす

POINT

- 骨盤を傾けて脚を上げようとしない
- できる高さ、時間から行う

2 床と身体を平行に保ったまま、伸ばした脚を上げ、3〜5秒キープして戻る

exercise 13 股関節のエクササイズ

次は腰を下ろして行うエクササイズです。片膝は立ててしっかり身体に引きつけて抱え、身体をしっかり安定させてください。伸ばした脚にテンションをかけ、かかとを床から離します。ほかのエクササイズでも同じですが、息を止めず、なるべく自然な呼吸を続けて行うことが重要です。3～5秒キープし、左右3～5回ずつ行います。

1 腰を下ろして片膝を立て、片脚をしっかりと伸ばす。足首は90度を保つ

POINT

- 膝をしっかりと伸ばす
- 足首の角度は90度を保ったまま行う
- 上体を後ろに傾けないこと

2 膝と胸を近づけたまま、かかとをマットから上げて3〜5秒キープして戻る

exercise 14 股関節のエクササイズ

同じ股関節のリフトアップでもスタートの姿勢によってアプローチする角度は少しずつ変わります。これは長座から開脚した状態で片脚を上げるものです。膝を伸ばし両脚をできるだけ開きます。その角度を保ち、片脚のかかとだけを股関節から動かしてください。３～５秒キープし、左右３～５回ずつ行います。しっかり身体にテンションをかけ、脚を上げたときに身体が傾かないように十分注意してください。上体を傾けずに上がる高さで行いましょう。できる方は両手を離し、こぶしを握ってやってみてください。うまくできない場合は、両手を腰の両脇に置き、身体を支えて行いましょう。

1 両脚をできるだけ開いて腰を下ろす

POINT
- 上体を傾けないように注意
- 膝はまっすぐ、足首の角度は保ったまま行う

2 上体をまっすぐに保ったまま、片脚を床から上げ、3～5秒キープ

exercise 15 股関節のエクササイズ

最初の姿勢は「90+90」と言われるもので、股関節、膝、そして足首が約90度になっているもの。52～53ページで紹介した基本ポジションの一つです。15～18まではすべてこのエクササイズのバリエーションとなります。共通する留意点は、できるだけ上体を動かさずに行うこと。最初はなかなか難しいと思いますが、できる範囲でチャレンジを続けてください。

最初のエクササイズは、かかとを支点として股関節を外転から外旋させる運動です。３～５秒キープして戻すことを左右３～５回ずつ行います。

1 90+90の姿勢をとり、膝と足首を両手でしっかりと床に押し付ける

POINT
- 上体を傾けないように注意
- 慣れたら両手を離して行ってもよい

2 前の脚を浮かせないように注意して、後ろ足はかかとをつけたまま、膝をできるだけ高く上げ、3～5秒キープする

exercise 16 股関節のエクササイズ

同じ90+90からのエクササイズです。15では膝だけを床から離しましたが、ここでは膝を支点にかかとを床から浮かせる運動で、股関節は外転から内旋します。15と同様に、両手で膝と足首を床に押し付けるように固定し、上体が動かないようにテンションをかけて行ってください。３～５秒を保ち、左右３～５回ずつ行います。

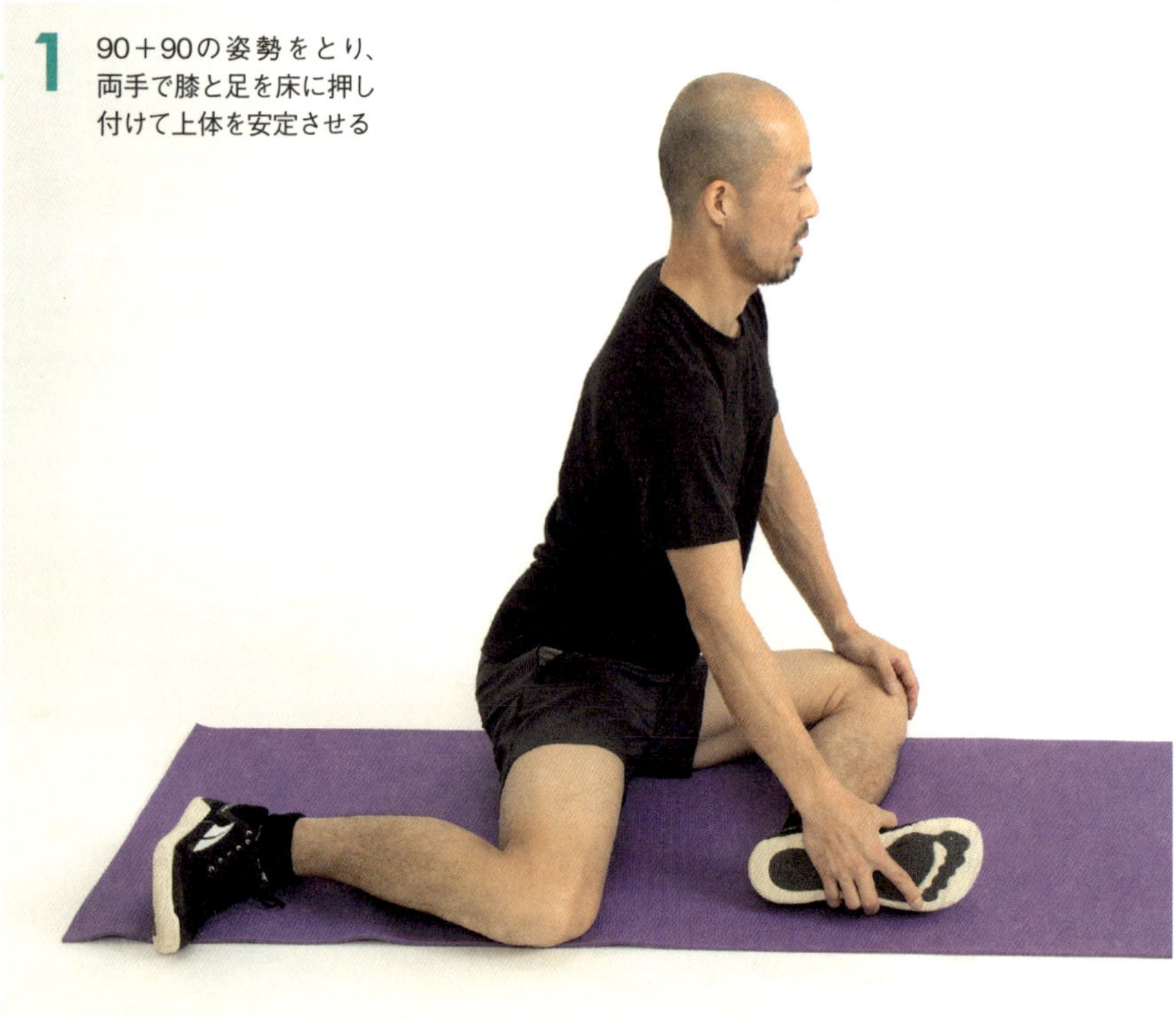

1 90＋90の姿勢をとり、両手で膝と足を床に押し付けて上体を安定させる

POINT
- 上体を傾けないように注意
- 慣れたら両手を離して行ってもよい

2 膝はマットにつけたまま、かかとを上げ、3～5秒キープ

exercise 17 股関節のエクササイズ

90＋90の姿勢から、写真手前の脚全体を真上に持ち上げます。写真では、両手を床から離して行っていますが、難しい場合には、まず、15、16のように、膝と脚を両手で床に押し付けるようにして体を安定させて行ってください。動画で両方のやりかたを説明していますので、参考にしてください。上体を傾けずに行うのはなかなか難しいと思いますが、ほんの数センチ、1秒でもいいので、そこからチャレンジしましょう。左右ともに3～5回ずつ行います。

1 90＋90の姿勢をとり、両手のこぶしはしっかり握って上体を安定させる

POINT

- 上体をしっかりと安定させて行う
- 高く上げようとせず確実に行う

このQRコードをスマートフォンで読み取ると、このエクササイズの動画が見られます。

2 上体を動かさないよう十分注意して、手前の脚を床から上げ、3～5秒キープ

exercise 18 股関節のエクササイズ

最後のエクササイズです。ここまでのエクササイズをていねいに行って、数秒のリフトアップ静止ができるようになったらぜひやってみてください。難易度はだいぶ高くなっていると思いますが、できる限り反動をつけたり「えい！」という勢いで脚を動かさないようにしてください。ある程度の筋力がないと、じわじわとゆっくり脚を上げたり動かすことは大変ですが、トライを続けることが筋力のアップにもつながります。正しい姿勢をくずさずに自分の身体、関節と向き合いつつチャレンジしてください。

POINT

- 上体を傾けず、下ろしている脚はできる限り動かさない
- 息を止めずできるだけなめらかに動かす
- 可能なら両手を床、膝から離し、こぶしを握って行う

1

90＋90の姿勢をとる。不安定な場合は、両手を膝と床につく

2

写真奥の脚の膝を90度に保ったままできるだけ上げる

3

かかとを上げたまま、ゆっくり脚を前方に向けていく

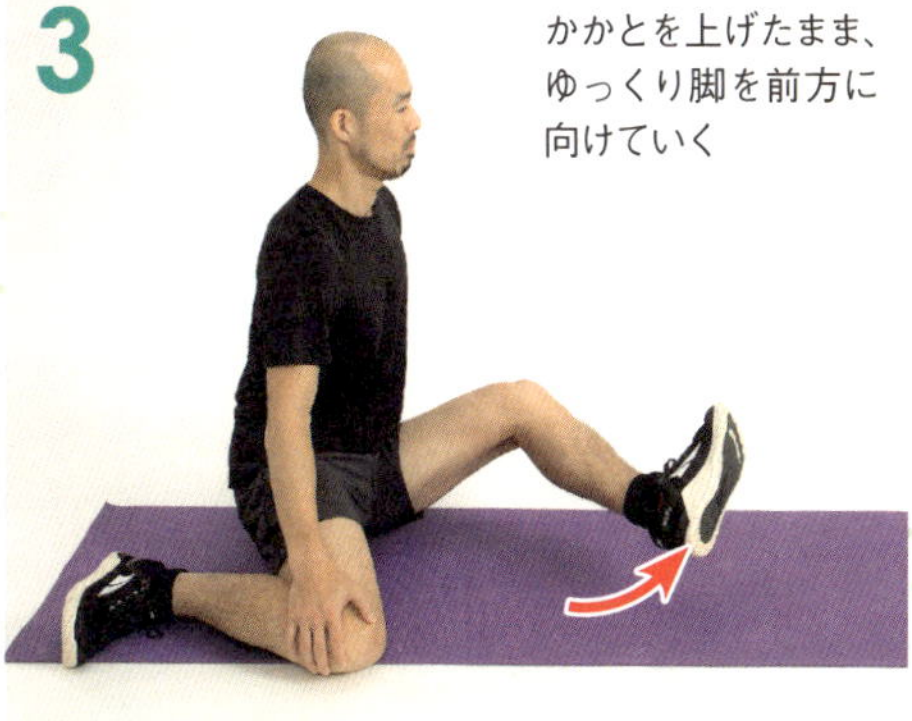

4

膝を伸ばす

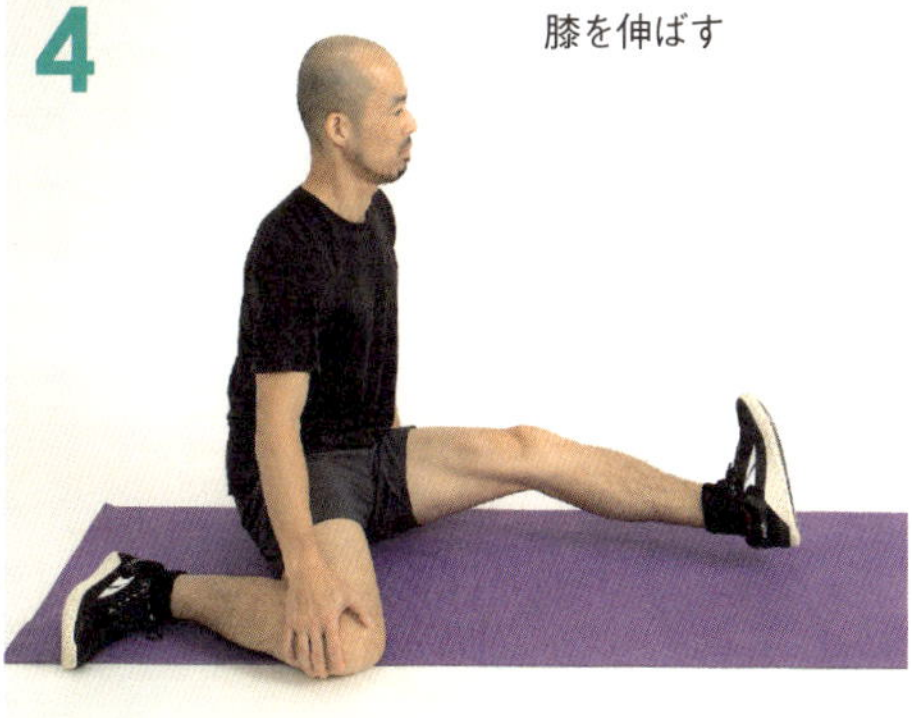

5

いったんかかとをマットにつける（できる人はつけずに数秒キープして**7**に移ってもよい）

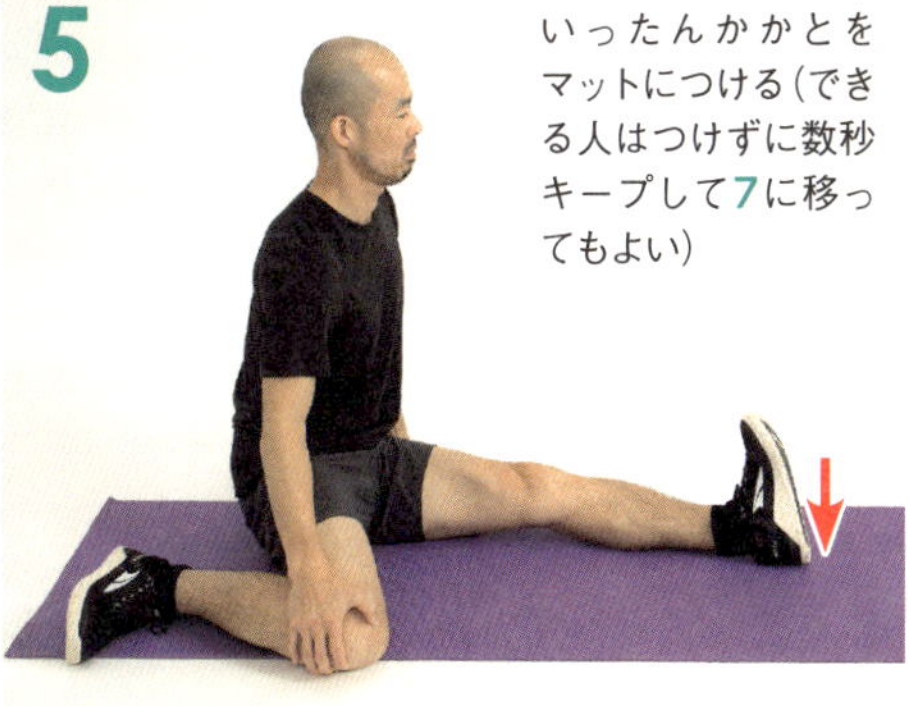

6

再びかかとを上げる

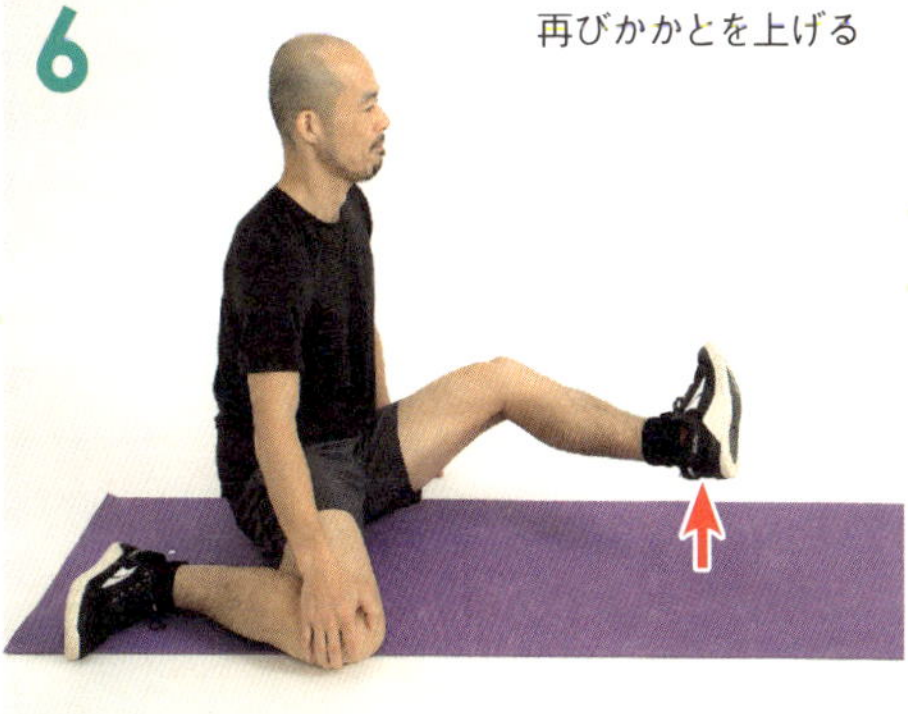

7

かかとを上げたまま膝を曲げて身体に引き寄せていく

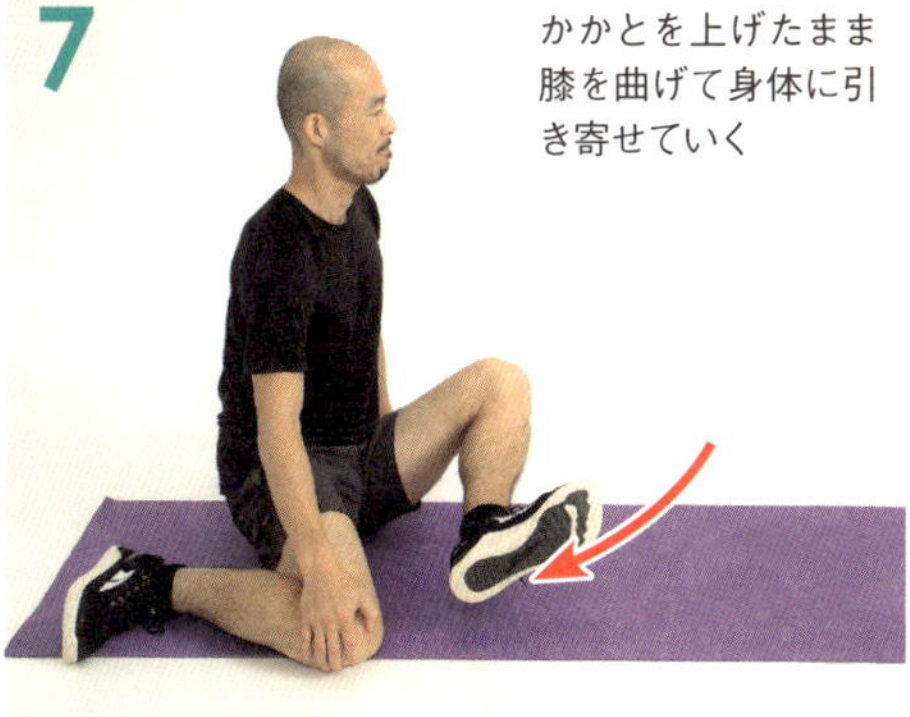

8

膝が90度になったら下ろす

森本貴義（もりもと たかよし）

1973年生まれ、京都府出身。株式会社リーチ専務取締役、ACE TREATMENT LABORATORY代表、関西医療大学客員教授。オリックス・ブルーウェーブ、シアトル・マリナーズ、WBC日本代表のトレーナー（2006年、2009年）などを経て、現在はプロゴルファーの宮里優作選手やシアトル・マリナーズのフェリックス・ヘルナンデス投手のパーソナルトレーナーも務めている。著書に『一流の思考法』『プロフェッショナルの習慣力』（ともにソフトバンク新書）、『勝者の呼吸法』（大貫崇との共著）『間違いだらけ! 日本人のストレッチ』（ともにワニブックス［PLUS］新書）

www.reach4d.jp

ACE TREATMENT LABORATORY のFacebook

阿部勝彦（あべ かつひこ）

1979年生まれ、千葉県出身。日本バスケットボール協会専任スポーツパフォーマンスコーチ、パフォームベタージャパンテクニカルディレクター。シアトル・マリナーズ（マイナーリーグ）、ヤクルトスワローズ、EXOS（旧Athletes' Performance)を経て現職に至る。

現職の傍ら、その活動は国内外の選手、競技団体に対してのトレーニング指導、指導者教育、トレーニング施設コンサルティングと多岐にわたる。必要な動きを的確に見極め指導、また教育することに重きをおいており、幅広い競技の選手から信頼を得ている。

可動域を広げパフォーマンスを上げる

新しいストレッチの教科書　【最新】理論とエクササイズ

2019年2月10日　初版発行

著　者	森本貴義　阿部勝彦
発行者	佐藤俊彦
発行所	株式会社ワニ・プラス 〒150-8482　東京都渋谷区恵比寿4-4-9 えびす大黒ビル7F 電話　03-5449-2171（直通）
発売元	株式会社ワニブックス 〒150-8482　東京都渋谷区恵比寿4-4-9 えびす大黒ビル 電話　03-5449-2711
印刷所	中央精版印刷株式会社
デザイン	喜安理絵
撮　影	増田岳二
撮影協力	髙橋円香

　ISBN 978-4-8470-9755-3